MARKETING
Uma visão crítica

Dados Internacionais de Catalogação na Publicação (CIP)
(Câmara Brasileira do Livro, SP, Brasil)

Silva, Hélio
 Marketing : uma visão crítica / Hélio Silva. – São Paulo : Editora Senac São Paulo, 2007.

Bibliografia.
ISBN 978-85-7359-609-0

1. Marketing I. Título.

07-5672   CDD-658.8

Índice para catálogo sistemático:

1. Marketing : Administração de pessoal   658.8

MARKETING
Uma visão crítica

Hélio Silva

ADMINISTRAÇÃO REGIONAL DO SENAC NO ESTADO DE SÃO PAULO
Presidente do Conselho Regional: Abram Szajman
Diretor do Departamento Regional: Luiz Francisco de Assis Salgado
Superintendente Universitário e de Desenvolvimento: Luiz Carlos Dourado

EDITORA SENAC SÃO PAULO

Conselho Editorial: Luiz Francisco de Assis Salgado
  Luiz Carlos Dourado
  Darcio Sayad Maia
  Lucila Mara Sbrana Sciotti
  Marcus Vinicius Barili Alves

Editor: Marcus Vinicius Barili Alves (vinicius@sp.senac.br)

Coordenação de Prospecção Editorial: Isabel M. M. Alexandre (ialexand@sp.senac.br)
Coordenação de Produção Editorial: Antonio Roberto Bertelli (abertell@sp.senac.br)
Supervisão de Produção Editorial: Izilda de Oliveira Pereira (ipereira@sp.senac.br)

Edição de Texto: Adalberto Luís de Oliveira
Preparação de Texto: Adriane Gozzo
Revisão de Texto: Marta Lúcia Tasso, Ivone P. B. Groenitz,
  Luiza Elena Luchini
Projeto Gráfico e Editoração Eletrônica: Fabiana Fernandes
Capa: Fabiana Fernandes, sobre foto de Marius Muresan
Impressão e Acabamento: Lis Gráfica e Editora Ltda.

Gerência Comercial: Marcus Vinicius Barili Alves (vinicius@sp.senac.br)
Supervisão de Vendas: Rubens Gonçalves Folha (rfolha@sp.senac.br)
Coordenação Administrativa: Carlos Alberto Alves (calves@sp.senac.br)

Proibida a reprodução sem autorização expressa.
Todos os direitos desta edição reservados à
Editora Senac São Paulo
Rua Rui Barbosa, 377 – 1º andar – Bela Vista – CEP 01326-010
Caixa Postal 3595 – CEP 01060-970 – São Paulo – SP
Tel. (11) 2187-4450 – Fax (11) 2187-4486
E-mail: editora@sp.senac.br
Home page: http://www.editorasenacsp.com.br

© Hélio Cesar Oliveira da Silva, 2007

Sumário

7 Nota do editor

9 Prefácio
Ladislau Dowbor

15 Introdução

25 PARTE I – O problema: entre o discurso e a prática nas ações de marketing

    27 Marketing e consumo: da produção em massa ao consumo em massa

    45 Gestão mercadológica: administração mercadológica ou manipulação da esfera cultural?

101 PARTE II – Tecnologias, comunicação e informação

    103 Comunicação, informação e tecnologias a serviço do marketing

    145 Marketing social

169 Considerações finais

177 Referências bibliográficas

Nota do editor

Inicialmente restrito à área econômica, ao longo dos anos o marketing se apropriou de recursos das ciências sociais, da psicologia e da comunicação para chegar ao consumidor. Multiplicaram-se os estudos acerca dos mecanismos que constroem desejos nos compradores e estimulam a aquisição de produtos pelo valor que lhes é atribuído por esses mecanismos.

Hélio Silva faz mais do que explicar o deslocamento da gestão do marketing da esfera produtiva para a cultural e comportamental. Mostra como o marketing pode ser reposicionado diante das pesquisas que apontam que, a despeito de todo o avanço tecnológico, a qualidade de vida de boa parte da população mundial piorou por conta de um distanciamento entre aquilo que o consumidor precisa e aquilo que é incentivado a comprar. Inovador, este livro propõe repensar as áreas de educação, saúde, lazer e meio ambiente como objetivo final dos planos de marketing, e não mais como ferramentas para o crescimento econômico das empresas.

Com a publicação de *Marketing: uma visão crítica*, o Senac São Paulo apresenta exemplos de ações criativas que vêm sendo aplicadas em outros países e atualiza profissionais e estudantes da área para as novas demandas sociais relacionadas com o mercado e o consumo.

Prefácio

Durante as últimas décadas, a publicidade tornou-se uma gigantesca indústria, avaliada em mais de 1 trilhão de dólares, permeando todas as nossas atividades. Com a ampliação do setor, gerou-se uma explosão de estudos e pesquisas sobre como comunicar, convencer e, em última instância, vender mais. O processo, em seu conjunto, pareceu positivo. A publicidade convence as pessoas a comprarem, o que significa que o comércio vende mais, as fábricas produzem mais, o que geraria mais empregos e dinamizaria a economia. Assim, tudo o que ajudava a "empurrar" produtos passou a ser visto como legítimo. Até que os limites foram sendo ultrapassados, e as pessoas começaram a se cansar disso.

A pesquisa-padrão na área do marketing não se debruçou muito sobre os impactos negativos nem se preocupou em ajudar o consumidor a fazer uma compra mais informada e inteligente. O que poderia ser informação comercial tornou-se bombardeio sistemático, sobretudo depois que se descobriu que as compras do dia-a-dia resultam muito mais do impulso e de conotações afetivas do que propriamente de uma escolha racional.

O marketing tornou-se literalmente invasivo. Saímos do banho para atender a uma chamada urgente de um banco que quer saber se estamos interessados em abrir uma conta, aproveitando uma oportunidade única. Não adianta reclamar – uma empresa terceirizada comprou alguns milhões de cadastros, e o custo por chamada é mínimo para eles. Para nós, é uma interrupção. Nos Estados Unidos, estão tentando proibir o telemarketing por fax – as empresas de publicidade acham interessante enviar fax publicitário, pois o custo do toner e do papel é nosso. Nas avenidas, raramente se vêem casas – atravessamos um corredor de outdoors. Uma compra sossegada em família é interrompida por gritos histéricos no alto-falante informando de uma promoção-relâmpago de trinta segundos. Não se pode ligar um computador sem aparecer uma oferta de Viagra ou propostas para aumentar as coisas correspondentes. No rádio e na televisão, nem se fala.

As crianças estão na linha de frente. Não existem mais cadernos sem promoção comercial. As escolas são bombardeadas por propostas de instalação de fast-food em troca de apoio na forma de alguns computadores. Nos Estados Unidos, resolveram suspender um fornecimento gratuito de manuais escolares de alfabetização, onde as palavras geradoras tão caras a Paulo Freire eram do tipo Coca-Cola, Big-Burger e semelhantes. Uma diretora de uma das grandes empresas de publicidade infantil explica com tranqüilidade: "Se os convencemos quando são crianças, serão nossos quando adultos".[1]

A lógica econômica é cada vez mais contestável. É importante lembrar que a publicidade tem custo. Não temos como nos proteger dela e, portanto, não temos escolha. Mas temos de pagar por ela, gostemos ou não. Cada outdoor ou anúncio de televisão das empresas telefônicas está na nossa conta telefônica. Quando uma empresa lança uma campanha, a outra acompanha, para não perder clientes. Como trabalham como o mesmo público consumidor, trata-se de uma guerra, em que

---

[1] Lucy Hughes, vice presidente da Initiative Media e co-creator da The Nag Factor. A citação da especialista refere-se a um estudo para conduzir o estímulo sobre teimosia das crianças, realizado em 1998 pela Wester International Media. A fala da especialista ocorreu no filme *The Corporation* (ver nota 15, na página 114).

cada empresa tem de acompanhar os gastos da outra, e o resultado é uma cacofonia parecida com a que promove vendedores de legumes na feira, só que com o nosso dinheiro e sem nenhuma vantagem econômica, a não ser para as empresas publicitárias. Juliet Schor apresenta excelentes pesquisas nessa área.[2]

O impacto psicológico é forte, pois somos agredidos por milhares de mensagens em todo lugar. Prestamos atenção, pois somos assim: olhamos os outdoors na avenida como olhamos para as mudanças no trânsito e para tudo que chama a atenção. Inclusive para evitar acidentes. Nos dizem que, se não gostamos das mensagens publicitárias, é só não comprarmos os produtos. Mas a fragmentação da nossa atenção consciente, interrompida sem cessar por mensagens publicitárias, é extremamente cansativa, e pesquisadores americanos mencionam a "sobrecarga sensorial" gerada. Nos dizem também que, na realidade, as pessoas são conscientes, logo a publicidade não manipula: "A escolha é sua, você decide", etc. Se não somos influenciados, não se entende por que as empresas contratam um trilhão de dólares de marketing por ano. Na verdade, o ser humano é influenciável, e se trata de uma das suas mais belas facetas. E das mais vulneráveis. As empresas de publicidade infantil gastam 12 bilhões de dólares com esse segmento nos Estados Unidos. Em um programa de entrevistas, o *Sixty Minutes*, no canal GNT no ano de 2006, quando questionado sobre a ética de empurrar fast-food nas escolas, criando uma geração de crianças obesas, o dono da conta do McDonald's interrompe o entrevistador para explicar que na verdade as campanhas publicitárias não empurram nada, apenas informam as crianças para que façam uma escolha responsável.

---

[2] Ver, em particular, *The Overspent American*, sobre o comportamento consumidor americano, e *Born to Buy*, sobre a indústria do marketing para crianças.

Tim Kasser traz uma visão que vale a pena transcrever:

> Quando olhamos a nossa cultura contemporânea de consumidor, é claro que as pessoas são constantemente bombardeadas com mensagens de que as necessidades podem ser satisfeitas adquirindo-se os produtos adequados. Você se sente inseguro na estrada ou na sua casa? Compre o pneu adequado ou a fechadura. Preocupado de que vai morrer jovem? Coma esse cereal e faça o seguro com essa empresa, por prudência. O seu gramado está feio em comparação com o do vizinho? Compre esse cortador de grama e tal fertilizante. Não consegue o namoro? Compre essas roupas, esse shampoo e esse desodorante. A sua vida carece de aventuras? Tome essas férias, compre esse carro esporte utilitário ou assine tal revista. As sociedades de consumo também providenciam muitos modelos de papel social, sugerindo que uma alta qualidade de vida (ou seja, satisfação de necessidades) ocorre quando alguém atingiu com sucesso objetivos materiais. Heróis e heroínas de culturas de consumo são no conjunto ricos, bonitos, e freqüentemente famosos. Essas são as pessoas, nos dizem, que têm sucesso, cujas vidas devemos nos esforçar por imitar e emular.
>
> Em face dessas mensagens que glorificam o caminho do consumo e da riqueza, todos absorvemos e internalizamos de certa maneira culturas materialistas. Ou seja, incorporamos mensagens de uma sociedade do consumo nos nossos sistemas de valores e crenças. Esses valores então começam a organizar as nossas vidas ao influenciar os objetivos que perseguimos, as atitudes que temos para determinadas pessoas e objetos, e os comportamentos que adotamos.[3]

O resultado, segundo esse pesquisador do MIT, é que as pessoas se estressam cada vez mais e perdem qualidade de vida. Na realidade, uma vez ultrapassado o nível de renda que permite o conforto básico, o aumento dela já não melhora a satisfação com a própria vida, e a orientação materialística

---

[3] Tim Kasser, *The High Price of Materialism* (Cambridge: MIT Press, 2002), p. 26.

tende a gerar pessoas mais infelizes do que as que buscam satisfações no enriquecimento cultural e na sociabilidade.

A formação na área de marketing tem sido essencialmente utilitária. Quem vai empregar um profissional do marketing será uma agência de publicidade ou o departamento de marketing de uma grande empresa. Em conseqüência, busca-se um perfil de formação que assegure à empresa um profissional criativo, de objetivo simplificado: empurrar o produto, aumentar as vendas. O que está despontando, na medida em que a área atingiu um grau de saturação que gera cada vez mais irritação e retornos decrescentes, é uma volta para uma comunicação inteligente, que respeite um mínimo de valores e ajude o consumidor a fazer as escolhas.

O estudo de Hélio Silva vai nesse sentido renovador. Trata-se de uma pesquisa científica de alto nível, uma releitura de alguns dos principais autores e dos casos estudados, buscando alternativas, com exemplos concretos de como diversos tipos de campanhas podem ser repensadas.

Esse tipo de visão, positiva mas crítica, permite olhar os mesmos procedimentos de outra perspectiva: em vez de fazer pesquisa de mercado para saber como empurrar melhor o produto, trata-se de estudar o processo do ponto de vista das necessidades do consumidor. O profissional de marketing tradicional está acostumado a olhar o consumidor como "público-alvo". O presente livro apresenta o ponto de vista "de quem é o alvo", cada vez mais irritado em sê-lo.

O autor incorpora na sua leitura um olhar "invertido" sobre os desafios do marketing. O foco deixa de ser apenas o lucro das corporações e a demanda construída aos indivíduos, para ser um sistema ancorado nos interesses coletivos. No lugar do manual de como vender mais e obter maior lucro,

Hélio Silva propõe como produzir bens e serviço de acordo com as necessidades coletivas, obtendo ganhos éticos.

A discussão de que trata o livro não deixa dúvida quanto à necessidade de reorientarmos os conceitos do marketing para um consumo de bens e serviços sustentável do ponto de vista socioambiental. E mais: ao abordar os setores sociais, como, por exemplo, saúde e educação, Hélio Silva aponta de maneira interessante a necessidade de construir novos conceitos de marketing para dar conta dessas realidades distintas do setor industrial.

Ladislau Dowbor
Doutor em economia e professor de pós-graduação em administração de empresas e economia da Pontifícia Universidade Católica de São Paulo (PUC-SP).

Introdução

Este trabalho pretende discutir o deslocamento da prática do marketing subordinado à produção (era industrial) para a prática do marketing subordinado à esfera cultural (sociedade do consumo).[1] Com o avanço tecnológico dos sistemas produtivos, a dinâmica mercadológica desloca-se das competências técnicas das mercadorias para as estratégias de marketing focadas na manipulação da cultura dos consumidores. Os gastos de produção de mercadorias (matéria-prima e mão-de-obra) representam hoje aproximadamente 25% dos custos; uma significativa parcela dos outros 75% é empregada no processo de circulação de elementos culturais, por meio das estratégias de marketing. A Microsoft, por exemplo, dedica algo em torno de 30% do seu lucro à publicidade e ao marketing.[2] A indústria farmacêutica despende em média 40% dos seus gastos com marketing. Trata-se de uma importância bem superior aos gastos com pesquisa e desenvolvimento.

Para o marketing, a comunicação é uma atividade atinente à promoção dos produtos ou serviços. A importância ou relevância da comunicação envolve elementos como relações públicas, telemarketing, vendas diretas, etc. No entanto,

---

[1] O presente livro é fruto de uma investigação com vistas à elaboração de uma tese de doutoramento que teve início em 1999 e conclusão em 2003. A tese "A construção do marketing na era da comunicação: o papel das tecnologias comunicacionais/discursivas" pode ser consultada na biblioteca da PUC/SP.

[2] Cf. André Gorz, *O imaterial: conhecimento, valor e capital* (São Paulo: Annablume, 2005), p. 45.

no desenvolvimento da investigação, veremos que, mais do que qualquer outra atividade, o gerenciamento da informação, em especial a manipulação da cultura, a partir do fim do século XX, com o incremento de todo o processo tecnológico comunicacional, da multimídia, da internet, da videoconferência, etc., passou a ser o fator determinante na construção do marketing contemporâneo.

Com a comoditização[3] das mercadorias, fragiliza-se a importância das técnicas de gerenciamento de marketing – construção do produto, formação de preços, distribuição e promoção (4 Ps – produto, preço, praça e promoção). Da mesma forma, como bem nos lembra o economista Jeremy Rifkin, a cultura (os valores, os mitos, os símbolos, os significados, enfim, a produção de sentidos) também passa a ser comoditizada. Assim, a comunicação, por meio da tecnologização do discurso,[4] seleciona e dissemina textos e imagens que cada

---

[3] O termo *commodity* significa literalmente "mercadoria" em português. Nas relações comerciais internacionais, o termo designa um tipo particular de mercadoria em estado bruto ou um produto primário de importância comercial, como é o caso do café, do chá, da lã, do algodão, da juta, do estanho, do cobre, etc. Ver Paulo Sandroni, *Novíssimo dicionário de economia* (6ª ed. São Paulo: Best Seller, 2001), p. 113.

"Na jornada capitalista, começou a comodificação do espaço e dos materiais, terminando com a comodificação do tempo e da direção humana. Hoje, as perspectivas do marketing ganham ascendências, e a comodificação do relacionamento com o consumidor tornou-se essencial nos negócios, controlando os clientes e controlando o trabalho." Ver Jeremy Rifkin, *A era do acesso* (São Paulo: Makron Books, 2001), pp. 9-102.

[4] O termo *tecnologização do discurso* terá sua discussão aprofundada no decorrer do livro. Assim, para fins de esclarecimento inicial acerca da questão, recorreremos a Fairclough na definição do conceito. "Podemos nos referir produtivamente a 'tecnologias discursivas' e a 'tecnologização do discurso' como características de ordens de discurso modernas. Exemplos de tecnologias de discurso são entrevistas, ensino, aconselhamento e publicidade. Às denominadas tecnologias do discurso, quero sugerir que na sociedade moderna elas têm assumido e estão assumindo o caráter de técnicas transcontextuais que são consideradas como recursos ou conjunto de instrumentos que podem ser usados para perseguir uma variedade ampla de estratégias em muitos e diversos contextos. As tecnologias discursivas são cada vez mais adotadas em locais institucionais específicos por agentes sociais designados. Elas têm seus próprios tecnólogos especialistas: pesquisadores que cuidam

vez mais persuadem e interferem na ação do consumo dos indivíduos. A tecnologização do discurso é engendrada pelo avanço tecnológico comunicacional (sistema de rede, internet, multimídia, inteligência artificial, ciberespaço, hipermídia, etc.), que estimula o processo de seleção da informação e do meio pelo qual será transmitido o discurso especializado.

A importância desse estudo se justifica pelos seguintes fatores:

1. Organizações, instituições, entidades e outros segmentos da sociedade investem montantes cada vez mais expressivos em marketing. Os dados do *Relatório do Desenvolvimento Humano* ilustram essa constatação: o gasto mundial com publicidade comercial em 1997 soma cerca de 435 bilhões de dólares,[5] cifra que atinge 1 trilhão quando consideradas todas as formas de marketing.

2. O gerenciamento das organizações por meio das ferramentas do marketing torna-se a cada dia mais ágil e eficaz. O discurso do marketing remete-se a essa situação sempre com otimismo, apresentando como resultados de eficácia e eficiência das empresas a competitividade e a produtividade, numa suposta configuração de concorrência perfeita no mercado; entretanto, observamos a formação de oligopólios e monopólios nos mais diversos setores, bem como a correspondente supressão dos benefícios decorrentes da diversidade de produtos.

---

de sua eficiência, especialistas que trabalham em seu aperfeiçoamento à luz da pesquisa e da mudança nas exigências institucionais e treinadores que transmitem as técnicas." Ver Norman Fairclough, *Discurso e mudança social* (Brasília: UnB, 2001), p. 64.

[5] Cf. Programa das Nações Unidas para o Desenvolvimento, "The World's Priorities? (Annual Expenditure)", *Human Development Report 1998* (Nova York: Oxford University Press, 1998), p. 63.

3. O marketing assevera que a utilização de suas ferramentas viabiliza, como principal objetivo das organizações que delas se valem, a identificação dos desejos dos consumidores. Acreditamos, porém, que, pelo contrário, essa instrumentalização do marketing como forma de gestão do mercado capitalista dificulta cada vez mais o acesso dos indivíduos às condições básicas de sobrevivência – alimentação, saúde, vestuário, educação.

4. Desenvolver técnicas de manipulação da cultura dos indivíduos parece ser mais barato para as corporações do que transformar os processos produtivos para atender às demandas da sociedade de forma sustentável.

Diante do exposto, colocam-se os questionamentos fundantes da análise que se pretende conduzir neste livro. Muito embora ainda não haja pistas claras e efetivas que apontem para esse ou aquele resultado das ações do marketing contemporâneo, pretendemos sustentar nossa discussão sobre as hipóteses a seguir:

1. O marketing como técnica de gestão mercadológica, ainda que seja adequado à circulação de mercadorias, quando voltado ao processo de sedução e persuasão dos indivíduos no consumo de bens e serviços, desloca sua ação para a produção de sentidos e de valores socioculturais.

2. O marketing, ao atender à demanda por bens e serviços por meio de discursos tecnologizados, forja novos estilos de vida e reconstrói experiências vivenciadas, o que auxiliará nos processos de construção de identidades.

3. As ações de marketing contribuem para a privação de bens e serviços básicos à sua maior parcela, bem como para o crescimento exponencial dos custos ambientais.

Nossa trajetória:

Na parte I, "O problema: entre o discurso e a prática nas ações de marketing", no capítulo "Marketing e consumo: da produção em massa ao consumo em massa", seguiremos a trajetória histórica do marketing. Para isso, recorreremos aos trabalhos dos seguintes especialistas: Marcos Cobra, professor titular de marketing da Escola de Administração de Empresas da Fundação Getúlio Vargas de São Paulo (FGV); Richard H. Buskirk, Philip Kotler e Ernest S. Bradford, pesquisadores norte-americanos; Eugeria Di Nallo, socióloga titular da cátedra de Teoria e Técnicas das Comunicações de Massa na Faculdade de Ciências Políticas da Universidade de Bolonha; David Harvey, geógrafo da Halford Mackinder, da Universidade de Oxford; David Korten, economista fundador e presidente do The People Centered Development Forum, com trinta anos de experiência de campo na Ásia, África e América Latina como escritor, professor, consultor e administrador acadêmico. Assim, apresentaremos as diversas correntes de pensamento sobre a origem do marketing, para cumprir um caminho que constitua efetivamente uma unidade teórica – das primeiras conceituações ao que se tem hoje formulado.

Ainda neste capítulo, abordaremos a questão do consumerismo, ancorados nos estudos de Juliet Schor,[6] passando pelas críticas desenvolvidas por Jean Baudrillard sobre a sociedade de consumo, até finalmente os conceitos marxistas do fetichismo da mercadoria, reinterpretados à luz de nossos dados. A discussão sobre as necessidades e os desejos se apoiará em dados do *Relatório do Desenvolvimento Humano* de 2001, dados estatísticos do Instituto Brasileiro de Geografia e Estatística (IBGE) de 2000 e outros anuários que fornecem

---

[6] Ver Juliet B. Schor, *Overspent American: Why we Want What we Don't Need* (Nova York: Harper Collins, 1999).

elementos para exame da atual situação das demandas sociais coletivas. Por meio desses dados, mostraremos o atual estágio do consumo nas diversas classes sociais, no que se refere às necessidades básicas e ao supérfluo.

No capítulo "Gestão mercadológica: administração mercadológica ou manipulação da esfera cultural?", procuramos mostrar por que no marketing contemporâneo o mercado continua sendo o "regulador" do sistema capitalista, mas de forma "virtual", com o processo de circulação de signos dando sentidos às mercadorias e marcas. Com base em especialistas do marketing como Philip Kotler e Jerome E. McCarthy, entre outros, ilustraremos, num primeiro momento, o discurso que preconiza o funcionamento do marketing alinhado à idéia da concorrência perfeita do mercado, isto é, para atender à demanda, as empresas produzem e concorrem entre si, o que resultaria em melhores produtos e preços aos consumidores e, por outro lado, em maiores lucros às empresas mais eficientes na gestão mercadológica. Essa dinâmica será abordada a partir da análise da obra de Kotler, particularmente o capítulo "Projetando o mix de marketing" de *Marketing para o século XXI*. Apresentam-se nessa obra de Kotler as idéias atuais do autor sobre a administração do marketing, as quais, pinçadas do conjunto de sua farta publicação, melhor dialogam com as dinâmicas socioeconômicas vigentes.

Contudo, nossa análise também contemplará passagens de outras obras, referidas na área como principais pontos da bibliografia produzida por Kotler. Consideraremos os livros *Administração de marketing: análise, planejamento, implementação e controle; Marketing para organizações que não visam lucro; Marketing* (edição compacta de 1989); *Administração de marketing: análise, planejamento, implementação e controle* e *Princípios de marketing*.

Respostas interessantes sobre os conceitos de gestão mercadológica advêm do seu "mix de marketing" – produto, preço, praça e promoção. Suscita muitas questões a teoria de Kotler sobre a construção do produto, segundo a qual as mercadorias são desenvolvidas para atender às necessidades e aos desejos do consumidor. Para frutificar essa discussão, trilharemos um percurso que envolve teorias de outros autores sobre o fetichismo, a mais-valia, a utilidade das mercadorias, a livre escolha e a padronização do sistema de produção.

No que diz respeito à formação do preço das mercadorias, recorreremos aos conceitos de concorrência perfeita e monopólio. Interessa-nos compreender a política liberal de formação de preços proposta por Kotler e confrontá-la com a prática mercadológica do capitalismo contemporâneo. Ou seja, a partir dos fundamentos e dos dados macroeconômicos, será possível refletir sobre a maneira de estabelecer a relação entre produtores e consumidores pelo prisma das práticas do marketing.

No que concerne ao conceito de praça (distribuição), as idéias do autor nos permitem perscrutar a estruturação das forças econômicas: como pequenos e grandes varejistas compõem esse modelo? Compreender como se movimenta a distribuição dos produtos permite analisarmos seus impactos sobre a sociedade: estresse, violência, distorção da privacidade e problemas causados ao meio ambiente.

Quanto à promoção – propaganda, promoção de vendas, relações públicas, força de vendas e marketing direto –, observa-se que talvez seja o elemento mais incisivamente determinante da força de atuação do marketing. Sua sofisticada implementação nos incita a esquadrinhar a construção das técnicas de manipulação, sedução e intimidação, que conduzem de forma irrevogável a reflexões sobre os próprios meios de comunicação e as concepções vigentes de informação, sem as quais a minuciosa análise do discurso kotleriano se veria descolada dos valores e dos instrumentos com os quais opera, tanto para se erigir como teoria legitimada quanto para produzir categorias de administração reguladoras.

Ainda neste capítulo, em oposição aos conceitos do marketing, serão apresentados os primeiros apontamentos que acenam para o deslocamento do marketing da mercantilização da produção para o marketing da mercantilização cultural. Examinaremos as análises teóricas de vários autores – entre eles, Jeremy Rifkin, economista membro do Wharton School Executive Education Program e presidente da Foundation on Economic Trends, em Washington; Dênis de Moraes, doutor em comunicação e cultura e professor do Programa de Pós-graduação em Comunicação da Universidade Federal Fluminense (UFF); David C. Korten, economista; Ladislau Dowbor, doutor em economia e professor de pós-graduação em administração de empresas e economia da Pontifícia Universidade Católica de São Paulo (PUC-SP); Paul Singer, doutor em economia e professor da Faculdade de Economia e Administração da Universidade de São Paulo (FEA-USP); e Andrea Semprini, especialista em análise das mudanças sociais e dos fenômenos da comunicação, diretor científico da Sociedade Internacional de Assistência e Estratégia e professor de teoria da comunicação da Adetem, na Universidade de Veneza. A partir daí, procuraremos mostrar que a práxis contemporânea do marketing vem se transformado na direção da esfera cultural de que fala Rifkin, do capitalismo do pedágio, como expressa Dowbor, do monopólio dos meios, segundo Dênis de Moraes, da cultura descartável a que se refere Isleide Fontenelle (doutora em sociologia e pesquisadora do núcleo Psicanálise e Sociedade do Programa de Estudos Pós-graduados em Psicologia Social da PUC-SP), da informação digital, ou digitalização, modelo sobre o qual disserta Gabriel Cohn (cientista político, professor do Departamento de Ciência Política da USP), da tecnologização do discurso (tecnologias de discursos) apontada por Norman Fairclough e da produção dos sentidos conforme Semprini.

Assim, chegaremos à parte II, "Tecnologias, comunicação e informação", com muitas questões para investigar, o que permitirá amadurecermos respostas acerca de nossas hipóteses. Abordaremos os conceitos comunicacionais, apontando-lhes interconexões com o marketing. No capítulo "Comunicação, informação e tecnologias a serviço do marketing", será feito um panorama da presente estrutura comunicacional, apresentando diferentes visões sobre os ganhos sociais obtidos com o avanço tecnológico aplicado à área. Com essa discussão, abrem-se perspectivas que induzem à compreensão do marketing contemporâneo. Finalmente, no capítulo "Marketing social", destaca-se a importância de aprofundar a discussão dos conceitos de marketing para uma sociedade econômica, social, cultural e ambientalmente sustentável. Apresentamos os desafios do marketing na gestão social, com enfoque especial nas questões do meio ambiente, da saúde e da educação, apontando para a urgência na mudança de paradigmas que os conceitos demandam com as novas práticas mercadológicas. Para essa análise, além dos especialistas já citados, recorreremos às visões sobre sustentabilidade de Ignacy Sachs, professor da École des Hautes Études en Sciences Sociales e consultor do Serviço Brasileiro de Apoio às Micro e Pequenas Empresas (Sebrae) para o desenvolvimento local sustentável; Hazel Henderson, colunista internacional e consultora de desenvolvimento sustentável dos especialistas ambientais; Ezio Manzini, professor de design industrial no Politécnico de Milão, onde comanda o Centro Interdipartimentale di Ricerca e Innovazione per la Sostenibilità Ambientale; Carlos Vezzoli, professor de requisitos ambientais dos produtos industriais no curso de doutorado em design industrial do Politécnico de Milão; Fritjof Capra, fundador e atual diretor do Centro para Alfabetização Ecológica em Berkeley, Califórnia; Fabio Feldmann, membro do Global Reporting Iniciative; José Goldemberg, físico, professor, secretário de meio ambiente do Estado de São Paulo e consultor do Programa das Nações Unidas para o Desenvolvimento (PNUD); José Eli da Veiga, professor titular do Departamento de Economia da USP; Ligia Bahia, professora adjunta do Departamento de Medicina Preventiva da Faculdade de Medicina da Universidade Federal do Rio de Janeiro (UFRJ), pesquisadora de políticas de saúde, especialmente relações entre público e privado no sistema de saúde brasileiro; Said Jorge Calil, professor adjunto do Departamento de Engenharia Biomédica da Faculdade de Engenharia Elétrica e de Computação da Universidade de Campinas (Unicamp).

A trajetória que escolhemos propõe-se a demonstrar as tensões entre as práticas mercadológicas e as demandas sociais do presente. Não se trata de negar as conquistas promovidas pelos conceitos de marketing na gestão das organizações, mas de ressaltar que, com os avanços tecnológicos em diversas esferas – social, comunicacional, produtiva, econômica, etc. –, são imensas as oportunidades de avanço no acesso de indivíduos a bens e serviços com sustentabilidade dos recursos naturais do planeta, e por isso merecem nossa atenção.

PARTE I
O problema: entre o discurso e a prática nas ações de marketing

Nesta parte o objetivo é investigar os principais conceitos de marketing à luz de sua prática nas organizações. Confome será visto, a prática do marketing contemporâneo desloca-se de um sistema racional de comercialização de bens e serviços para uma dinâmica de mercantilização de cultura. Isto é, os conceitos tradicionais de marketing (4 Ps) – desenvolvimento do produto, formação de preço, canais de distribuição e promoção – se esgontam, ou melhor, não respondem às estratégias do marketing subordinado à esfera cultural (sociedade do consumo).

Marketing e consumo:
da produção em massa ao consumo em massa

Neste capítulo, apresentaremos a trajetória do marketing – origem, conceitos fundamentais e desenvolvimento. Daremos enfoque especial à dinâmica do consumo, por se tratar do principal estímulo que move as ferramentas de marketing.

Origem: definições e etapas de desenvolvimento

Datar o surgimento do marketing exige um recorte histórico – do contrário, corre-se o risco de postular uma improcedente naturalização do marketing como atividade humana existente desde sempre. Marcos Cobra, por exemplo, afirma que intuitivamente se utilizou o marketing quando "a cobra usou técnicas de persuasão para vender a maçã" a Eva, e esta, a Adão.[1] De maneira similar, Buskirk pensa que o marketing surge antes do início da era cristã, com o comércio de âmbar, especiarias, sedas e sal – o marketing consistia no transporte desses bens do produtor para o consumidor.[2]

Objetivamente, o marketing – técnica típica do período da Revolução Industrial – instituiu-se como ferramenta facilitadora para circulação da produção excedente no início do século XX. Com o advento da Revolução Industrial e com as

---

[1] Cf. Marcos Cobra, *Marketing básico* (4ª ed. São Paulo: Atlas, 1997), p. 19.
[2] Cf. Richard H. Buskirk, *Principios y practica de marketing* (5ª ed. Madri: Deustre, 1967), p. 9.

novas técnicas, a produção aumentou de forma significativa, exigindo mecanismos mais eficientes para seu escoamento. No quadro, Nallo apresenta uma síntese do percurso dos instrumentos de marketing que ilumina a trajetória histórica dos conceitos elaborados pelos especialistas.

Quadro 1 – Orientações do marketing a partir de uma perspectiva histórica

Orientação	Produção 1920–1930	Venda 1930–1950	Mercado desde 1950
Focalização	Produto a preço baixo	Pressão de venda	Necessidades do consumidor
Dado de início	Produto	Produto	Produto
Instrumento	Tecnologia produtiva	Comunicação e venda	Mix de marketing
Condições	• Demanda superior à oferta • O alto custo do produto impede a expansão do mercado	• Oferta superior à demanda • Demanda fraca e indecisa de bens e serviços	• Disponibilidade de renda discricionária • Mercados complexos e segmentados

Fonte: Umberto Collesei, *Marketing* (Pádua: Cedam, 1989), p. 5, apud E. Di Nallo, *Meeting Points: soluções de marketing para uma sociedade complexa* (São Paulo: Cobra, 1999).

Entre 1920 e 1930, o marketing orientava-se ao produto, ou seja, o enfoque das ações e estratégias de mercado era sobre a criação de produtos com competências técnicas, custos determinados e qualidade definida, para que fosse comunicada posteriormente aos possíveis compradores. Entre 1930 e 1950, o marketing passou a ter seu foco na venda, isto é, privilegiou a persuasão dos indivíduos por meio de ações publicitárias e promocionais em vez do consumo dos produtos que, a essa altura, compunham oferta maior que a demanda.

Por fim, há o período que se iniciou em 1950 e, segundo especialistas, perdura até os dias atuais, em que o marketing se orienta para o mercado: constitui-se como proposta de identificação de desejos e necessidades dos consumidores, com base na qual se definirá o produto ou o serviço; não se trata mais de convencer o consumidor a adquirir dado produto, mas de identificar ou mesmo criar uma necessidade e então produzir o bem que a atenda. O marketing assume-se como campo de conhecimento capaz de dirigir a produção de bens e serviços, com a certeira investida no suprimento de demandas delineadas. Assim, insere-se no funcionamento social, com o intuito de estabelecer relações entre os produtores e o mercado. Ao indivíduo, reserva-se, nesse contexto, a condição de consumidor.

Autores de outros campos do conhecimento apresentam diferentes visões do surgimento do marketing. Para o geógrafo David Harvey, por exemplo, o marketing nasceu no contexto inicial do fordismo, quando se instituiu a necessidade de criar um consumo em massa capaz de sustentar um sistema de produção em larga escala. Em 1916, Ford enviou um exército de assistentes sociais aos lares dos trabalhadores, para verificar o que estavam consumindo.[3] Já para o economista David C. Korten, o marketing – ou a cultura do consumo, como ele prefere – tem origem na passagem do século XIX ao XX, momento em que já se vislumbrava o intuito de criar uma demanda sempre crescente de mercadorias oferecidas pelos gigantes varejistas.

> Nos Estados Unidos, a economia social de produção familiar e comunitária tornava-se uma economia principalmente monetarizada, e, como desdobramento imediato dessa transformação, o marketing se desenhava como uma especialização administrativa, à qual cabia engenhar mecanismos de suporte e manutenção da dependência do emprego assalariado, desenvolvido pelas grandes organizações, cujos interesses de lucratividade assim se satisfariam.[4]

---

[3] Cf. David Harvey, *Condição pós-moderna* (6ª ed. São Paulo: Loyola, 1992), p. 22.
[4] Cf. David C. Korten, *Quando as corporações regem o mundo* (São Paulo: Futura, 1996), p. 175.

Nosso recorte temporal será o apresentado no quadro 1, proposta por Nallo. A escolha deve-se principalmente a três fatores: 1) ao impulso da Revolução Industrial à criação de diversas formas de gestão, como a ciência da administração de empresas, a psicologia organizacional e o marketing propriamente dito; 2) à avassaladora expansão geográfica e conceitual do marketing, desde o início do século XX (é nesse período que surgem o marketing estratégico, o marketing global, o marketing personalizado, o marketing de relacionamento, o marketing de varejo, o marketing de serviço, o marketing industrial, o marketing social, o marketing ambiental, etc.); 3) à instauração dos estudos do marketing nas universidades. Nallo situa o surgimento do marketing no início do século XX, principalmente nos Estados Unidos, na Grã-Bretanha e na Alemanha, por causa do forte crescimento econômico do qual decorreram problemas relativos à distribuição e à comercialização dos produtos. Ademais, esse feito histórico nas universidades teve importantes desdobramentos para a ciência econômica. Da mesma maneira que a administração de empresas – ferramenta de gestão mercadológica utilizada pelas organizações –, o marketing toma espaço considerável no meio acadêmico. No Brasil, por exemplo, surgiram na última década inúmeros cursos técnicos, de graduação e pós-graduação na área, enquanto se observa um esvaziamento dos cursos de ciências econômicas nas instituições de ensino superior. O desenvolvimento do marketing como área do conhecimento chega a tal ponto que diversos autores – como Fournis, Bradford e Kotler – o reconhecem como ciência. Em 1972, Kotler chegou a defender que o marketing pode ser visto como uma categoria de ação humana distinta de outras, como votar, amar, consumir e combater.

Mesmo sem aprofundar o fato de que o marketing não tem uma epistemologia própria, com regras e definições de caráter científico, é importante localizá-lo como fenômeno datado do começo do século passado, cujo objetivo mais geral sempre foi escoar essa ou aquela produção excedente e, mais tarde, detectar as necessidades dos vários segmentos de consumo. Como vemos, o marketing foi criado para atender a fins práticos, como qualquer outra técnica, e não se apresenta como campo de conhecimento específico. Pode-se, quando muito, qualificá-lo como técnica interdisciplinar, fruto típico do período contemporâneo no qual se reúnem conhecimentos produzidos por outras ciências, como a economia, a matemática, a psicologia, a sociologia, a comunicação, etc.

Consumo em massa para garantir uma produção em massa

Com a produção em massa preconizada pelo sistema taylorista, cria-se a retórica do acesso ao consumo de bens por uma parcela maior da sociedade. Após o processo de grande produtividade das indústrias, surge, no início do século XX, a necessidade de fomentar o processo de circulação da produção. É nesse momento que o marketing se torna ferramenta de gestão empresarial de grande relevância.

Estudos sobre o marketing surgiram para analisar a distribuição e regulação da indústria nos Estados Unidos ou a distribuição dos produtos. O desafio era construir um sistema de consumo em massa que garantisse a sustentação do sistema capitalista ancorado na produção. Em 1914, Henry Ford, além de implantar em sua indústria automobilística os mecanismos de produção disseminados por Taylor, pai da ciência da administração (sistema de produção em massa que decompõe cada etapa do trabalho em movimentos repetitivos), idealizou o sistema de consumo que daria sustentação à produção em massa. Para isso, o capitalista reduziu o total de horas trabalhadas na semana, instituiu período de férias, aumentou salários, criou vários benefícios aos operários, promovendo o aumento da renda e do tempo disponível, estimulando o consumo de bens e serviços.

Dessa maneira, até depois da metade do século XX, o sistema fordista sustentou de forma eficiente o consumo e a produção em massa, ancorado numa participação massiva de investimentos em infra-estrutura pelo Estado. Porém, na aguda recessão de 1973, o sistema rígido de produção fordista (necessidade ininterrupta de crescimento, exigência de grandes investimentos em infra-estrutura, estoques e mão-de-obra) não se sustentava na realidade recessiva daquele momento. Surgiram então outras formas de produção e a acumulação flexível.[5] Como exemplo dessa espécie de gestão, pode-se citar o toyotismo, modelo japonês que funciona, em todo o processo de produção (desde a aquisição dos materiais até a entrega do automóvel ao comprador), por meio de um sistema customizado, de acordo com os pedidos dos clientes, reduzindo consideravelmente os investimentos em momentos de crise, sem grandes prejuízos financeiros para a empresa.

De um lado, os fundamentos do marketing, sinteticamente ilustrados no quadro 1, estão ancorados nas três etapas (produto, venda e mercado), indicando que as técnicas de marketing servem de alicerce para a circulação das mercadorias, atendendo aos interesses de diversos atores (produtores, consumidores e Estado). De outro lado, visões como as

---

[5] "A *acumulação flexível*, como vou chamá-la, é marcada por um confronto direto com a rigidez do fordismo. Ela se apóia na flexibilidade dos processos de trabalho, dos mercados de trabalho, dos produtos e padrões de consumo. Caracteriza-se pelo surgimento de setores de produção inteiramente novos, novas maneiras de fornecimento de serviços financeiros, novos mercados e, sobretudo, taxas altamente intensificadas de inovação comercial, tecnológica e organizacional." Ver David Harvey, *Condição pós-moderna*, cit., p. 140.

de Harvey e Korten alertam para o fato de que o marketing se apóia na necessidade da sustentabilidade da produção em larga escala e na lucratividade das grandes organizações, não no atendimento aos interesses do coletivo da sociedade. As duas interpretações sobre a origem do marketing, apesar de conflitantes, elucidam o processo de expansão do consumo. De um sistema padronizado de produção em massa orientado para atender a uma demanda latente, fruto da era fordista (Segunda Revolução Industrial), inicia-se o deslocamento para sistemas flexíveis de produção. No lugar da padronização dos bens e serviços, instaura-se a era da personalização. Iniciam-se, assim, novos mecanismos de sedução e persuasão do consumidor, com o objetivo de garantir a demanda pelos bens e serviços. Dessa maneira, nota-se a formação embrionária do processo de construção do marketing contemporâneo, que passa a manipular elementos culturais com o intuito de facilitar o processo de circulação das mercadorias. Dito de outra forma, com o deslocamento das estratégias de marketing do produto para o consumo, os elementos culturais presentes no ambiente do consumidor tornam-se o alvo dos especialistas de marketing.

Consumerismo: origem e panorama atual

O termo *consumerism*,[6] ou consumerismo, refere-se ao processo de aceleração do consumo vivido pelo capitalismo contemporâneo. Movido pela necessidade de escoar a produção em massa, maximizando o lucro das organizações (con-

---

[6] De acordo com Schor, "hoje em dia, as pessoas fazem muito mais as comparações com o 'grupo de referência' de gente com renda três, quatro ou cinco vezes maior do que sua renda. O resultado disso é que milhões de nós temos nos tornado participantes de uma cultura nacional de *upscale spending*. Eu chamo isso de novo consumerismo". Ver Juliet B. Schor, *Overspent American: Why we Want What we Don't Need*, cit., p. 4.

forme afirmam, por exemplo, Harvey e Korten), ou por determinação do crescimento econômico (de acordo com o quadro apresentado no quadro 1), o sistema de consumo é a vértebra das ações de marketing.

No período da economia ancorada na produção, potencializou-se a poupança para investimentos na produtividade. No presente, a tônica passou a ser instigar o consumo para a sustentação desse sistema de produção em grande escala. A economia do consumerismo norteia até mesmo catástrofes, como o trágico acidente de 11 de setembro de 2001 em Nova York. Durante um momento de comoção popular pelo doloroso ataque às torres gêmeas do World Trade Center, em que morreram milhares de pessoas, os noticiários econômicos da mídia impressa e falada do mundo todo chamavam a atenção para o aumento da recessão econômica (que já se vislumbrava então) que o acidente promoveria em virtude da queda no consumo ocasionada pela tristeza, insegurança e angústia das pessoas. O fato era tão relevante que poucos dias depois do ocorrido, além de outras personalidades políticas, o próprio presidente dos Estados Unidos foi aos meios de comunicação de massa pedir aos americanos que voltassem a consumir. A dimensão do problema ultrapassou as fronteiras americanas, atingindo durante outras economias, como, por exemplo, a do Brasil. Assim, o consumerismo passou a ser um dos fundamentos econômicos estratégicos: mesmo num momento em que a sociedade exigia um tempo de introspecção e reflexão sobre um acontecimento tão deplorável como foi o desse acidente, viu-se persuadida a consumir para garantir a sustentabilidade do sistema. Embora esse exemplo apenas ilustre o mecanismo de funcionamento do consumo, poderíamos supor que o aumento do consumo de produtos militares, resposta ao trágico acidente, por meio de grandes investimentos em segurança e caça aos terroristas, esteja sendo utilizado pelos Estados Unidos como estratégia de recuperação econômica.

Os custos sociais com o consumerismo não param por aí. Instadas por ele, as famílias norte-americanas têm visto suas finanças se deteriorarem nos últimos anos. Schor aponta que as famílias com renda anual de 50 mil a 100 mil dólares consomem, usando cartões de crédito, o equivalente a cerca de 63% de sua renda, gerando um pagamento médio de juros de 18%.[7] Para ter uma idéia da pressão por consumo de que sofrem os norte-americanos, estatísticas mostram que franceses, japoneses e italianos economizam três vezes mais que eles, e até mesmo comunidades pobres como a Índia e a China economizam um quarto de sua renda.

Com vistas a essa estrutura *consumerista* em que se ancora o capitalismo, o marketing forja ferramentas que dão conta desse processo de maneira eficiente. Por meio de estudos do comportamento do consumidor, desenvolvem-se técnicas de marketing que induzem os indivíduos ao consumo. Packard, por exemplo, aponta que, já em 1946, o marketing fazia estudos de profundidade.[8] O autor recorre ao analista de profundidade Ernest Dichter, doutor em filosofia, diretor de pesquisa de motivação, que em 1956 já havia realizado aproximadamente quinhentos estudos para clientes como General Foods,

---

[7] *Ibid.*, pp. 19-20.
[8] Estudo de profundidade ou pesquisa de motivação: "Procurando uma solução mais profunda para seus problemas de vendas, os comerciantes americanos começaram a fazer algumas sérias indagações. Por que, perguntavam a si próprios, os fregueses agem como agem? Por que compram ou recusam comprar determinados produtos? Procurando obter orientação dos consultores psicológicos a que recorreram, viram-se tentando compreender e explorar os profundos fatores inconscientes e subconscientes que motivaram as ações das pessoas. Nisso, procuravam não apenas discernimento, mas também, para empregar uma expressão comum, 'disparadores de ação'". Ver Vance Packard, *Nova técnica de convencer: persuasão oculta/domínio do público pelo subconsciente/sugestão subliminar* (5ª ed. São Paulo: Ibrasa, 1980), p. 22.

General Mill, Lever Brother, American Airlines e Carnation Company. Sobre as idéias de Dichter, Packard comenta:

> [...] o Dr. Dichter é veemente na ênfase que dá ao fator emocional nas vendas. Afirma que qualquer produto não apenas precisa ser bom, mas precisa também apelar aos nossos sentimentos "no fundo dos recessos psicológicos da mente". Diz às companhias que ou elas vendem segurança emocional ou afundam; e sustenta que um importante problema para qualquer vendedor é descobrir o anzol psicológico.[9]

Packard foi um dos primeiros estudiosos das ações de marketing a fazer duras críticas às estratégias de persuasão e sedução do consumidor. Verifica-se que com a descoberta dos mecanismos de estímulo no processo de consumo (aspectos psicológicos, sociais e culturais) pelos especialistas de marketing a racionalidade das ações de marketing (produzir um bem ou serviço de acordo com as necessidades práticas dos indivíduos) foi incorporada a novas dinâmicas de sedução e persuasão. O sistema de produção dos bens e serviços permanece como um dos elementos do composto da gestão mercadológica; porém, no limite não mais se manifesta como o centro das ações de marketing. Muito embora o sistema de produção seja a mola que impulsiona toda a lógica de circulação de mercadorias, os elementos que forjam a eficácia desse processo se movem em direção às atividades periféricas da cadeia de distribuição.

Vale destacar que as estratégias de marketing fundamentadas na manipulação de elementos psicológicos e culturais são cada vez mais utilizadas pelos especialistas do setor. Em entrevista cedida à revista *Harvard Business Review Brasil*, em 2006, o psicólogo, antropólogo e especialista em markeitng G. Clotaire Rapaille confirma a contemporaneidade da estraté-

---

[9] Ibid., pp. 29-30.

gia. Seu trabalho de assessoria nas organizações concentra-se na identificação de arquétipos dos consumidores, que serve como conteúdo para a construção das campanhas publicitárias. Veja a seguir um trecho da entrevista que apresenta o pensamento do autor:

> No caso de produtos de beleza, por exemplo, em geral é útil compreender o arquétipo da Grande Mãe que nutre os filhos. Daí a P&G martelar essa tecla da nutrição para promover uma de suas linhas mais populares para o cabelo, a Pantene. A mulher precisa alimentar, nutrir o cabelo. Ou seja, a Pantene apela para o instinto materno dela. Já para vender perfume é preciso mirar a Sedutora. É preciso entender o desejo da mulher de ser atraente, de ser desejada, seu medo de envelhecer. Um vendedor que entende esse arquétipo pode convencer uma mulher a pagar 3 mil dólares por três frascos de perfume que com 3 dólares se fabrica. Já o vendedor que não entende esse arquétipo terá sorte se conseguir vender um frasco de Chanel nº 5 por mais do que 30 centavos. Já no setor farmacêutico, o principal arquétipo é outro. O representante de vendas precisa convencer o médico a receitar certos medicamentos. É uma tarefa que a internet veio complicar, pois o paciente hoje em dia muitas vezes sabe mais do que o doutor. O médico detesta isso, e é ao manipular essa sensação que o bom vendedor pode conquistar de verdade o profissional. Naturalmente, precisa fornecer mais informações para que o médico possa exibir sua grande inteligência para o paciente. O verdadeiro desafio, porém, é entender o sofrimento do médico. Hoje, esse médico sente que já não pode clinicar. Não é só a internet, mas o governo também. A medicina virou uma grande burocracia, algo que o médico também odeia. Logo, o bom vendedor trata o médico como o Velho Sábio que salva vidas, não como o burocrata no qual ele de fato se converteu.[10]

---

[10] G. Clotaire Rapaille, "Como explorar a psicologia do vendedor", em *Harvard Business Review Brasil*, nº 9, Santiago, Harvard Business School Publishing Corporation, julho de 2006, pp. 26-30. Texto disponível em htt://hbrbr.com.br/textos.asp?codigo=10607, acessado em 1º/9/2006.

O fetiche do consumo: persuasão e sedução pelo valor de signo da mercadoria

O sistema de gestão da produção em escala acentua ainda mais a falta de controle dos trabalhadores em relação ao processo de produção como um todo. Em nome da eficiência na produtividade, o trabalhador perde cada vez mais sua relação com os bens produzidos. No capitalismo, as técnicas de produção se sobrepõem ao produto, isto é, o conhecimento social e cultural passa a ser refém da técnica de produção oriunda principalmente da Revolução Industrial. Com as técnicas de administração da produção desenvolvidas por Taylor, até mesmo o comportamento humano passou a ser tratado tecnicamente. A relação entre as pessoas passou a ser mediada pelas técnicas, isto é, todo o sistema de produção e distribuição das mercadorias foi racionalizado e tecnificado, para atingir determinados resultados financeiros para os produtores.

Com a mediação da relação humana pelos objetos, estabelece-se o que Marx denominou fetiche. A mercadoria perde seu valor de uso – o elemento determinante na relação entre o homem e a mercadoria passa a ser o valor de troca, mediado pelo dinheiro. Assim, a mercadoria redimensiona os objetivos do trabalho e do consumo. Para quem produz, pouco importa o que está sendo produzido; o importante é apenas o que pode ser trocado pelo trabalho despendido. A partir do tecnicismo do processo fabril, bem como em outras atividades periféricas das organizações, extrapola-se o distanciamento entre os indivíduos e o que é produzido, atingindo também o mecanismo de consumo. Assim, criam-se a produção e a atribuição de novos sentidos às mercadorias, seduzindo e persuadindo o consumidor, que cada vez mais deixa de ter como referência o valor de uso do produto (no plano prático) para dar lugar a outros valores simbólicos presentes na esfera sociocultural do repertório dos indivíduos.

O fetiche do consumo ultrapassa os limites do valor de troca descrito por Marx. Na economia capitalista contemporânea, ancorada na esfera cultural, fetichiza-se o valor de troca, bem como o valor de uso da mercadoria. O valor de uso não é necessariamente funcional ou prático, isto é, a mercadoria ganha, como valor de uso, outros significados, por meio de símbolos culturais; talvez seja melhor usarmos o termo "valor de signo", cunhado por Baudrillard.[11]

Com a padronização dos meios de produção, desde o fordismo as relações no trabalho se uniformizaram tal como as mercadorias. As mercadorias expressam o distanciamento do trabalho coletivo em relação à produção, o destrato com o meio ambiente, o trabalho infantil, o trabalho escravo ou as desigualdades sociais. Entretanto, a mercadoria não chega a seu destino na casa do consumidor sem passar pelo processo de marketing apoiado pelas tecnologias do discurso, ocorrendo a manipulação e a persuasão do imaginário, das fantasias de cada um: basta ver as vitrines das lojas repletas de mercadorias que apresentam um mundo sedutor, alegre, harmonioso – enfim, bem diferente do real.

---

[11] "Na 'personalização', existe efeito semelhante ao da 'naturalização' com que se depara em toda a parte no meio ambiente e que consiste em restituir a natureza como signo depois de a ter liquidado na realidade. Assim, por exemplo, abate-se uma floresta para, no mesmo sítio, construir um conjunto batizado 'Cidade Verde' e onde se tornarão a plantar algumas árvores, que darão uma sugestão de 'natureza'. Por conseqüência, o 'natural' que assedia toda a publicidade é efeito de *make-up*: '*Ultra-Beauty* garante-lhe uma maquiagem aveludada, unida, duradoura, que dá à sua tez o brilho *natural* com que sonha!', 'Claro está, a minha mulher não se maquia!', 'O véu de pintura invisível e presente'. A 'funcionalização' de qualquer objeto constitui também uma abstração coerente que se sobrepõe e substitui em toda a parte a respectiva função objetiva (a 'funcionalidade' não é o valor de uso, mas o valor de signo)." Ver Jean Baudrillard, *A sociedade de consumo* (Rio de Janeiro: Edições 70, 1995), p. 89.

É oportuno lembrar que as críticas de Marx sobre o fetichismo da mercadoria concentram-se no valor de troca, e não no valor de uso. Mas, ao examinar as relações que permeiam a circulação de mercadorias na atualidade, vemos que o valor de uso, tido por Marx como um sistema ideal na relação do trabalho e produção, exige algumas ponderações.

Aqui se pretende mostrar como os novos significados da mercadoria, nos âmbitos social e cultural, se ligam às tecnologias do discurso, ou seja, àquilo que Baudrillard denomina como valor de signo. O fator novo do fetiche do valor de signo é que ele ultrapassa as relações de trabalho, expandindo-se para as diversas relações engendradas pelo consumo. Do consumo de uma simples garrafa de água mineral a um automóvel, constrói-se um discurso permeado de imagens que persuade e seduz os indivíduos por meio de fantasias. Agora o fetiche do consumerismo se estabelece pelo valor de signo, esvaziando-se o discurso ingênuo do simples atendimento à demanda coletiva da sociedade. O fetiche, por meio de símbolos e significados engendrados nas mercadorias, potencializou-se na esfera de sedução dos consumidores. E o fator novo é que o capitalismo contemporâneo ancorado no consumerismo permeia todas as esferas da sociedade. Agora, não é apenas o trabalho: o lazer, a educação, a saúde e a cultura foram colonizados pela "magia" sedutora do capitalismo.

> Como a escola, o consumo é instituição de classe: não só na desigualdade perante os objetos, no sentido econômico (a compra, a escolha, a prática são regulatas pelo poder de compra, enquanto o grau de instrução é função da ascendência de classe, etc.) – em suma, nem todos possuem os mesmos objetos, da mesma maneira que nem todos têm idênticas possibilidades escolares – mas, de modo ainda mais profundo, há discriminação radical no sentido de que só alguns ascendem à lógica autônoma e racional dos elementos do ambiente (uso funcional, organização estética, realização cultural), indivíduos esses que,

para falar com propriedade, não se ocupam de, nem "consomem" objetos – votando-se os outros a uma economia mágica e à valorização dos objetos como tais e de tudo o resto enquanto objetos (idéias, lazeres, saber e cultura): esta lógica fetichista constitui a ideologia do consumo.[12]

Em face dessas considerações, os conceitos de Marx sobre o fetichismo fornecem boas pistas, mas exigem ser ressignificados. Jhally apresenta uma interessante análise sobre os conceitos marxistas do fetichismo, recorrendo à crítica feita por Sahlins no que se refere à fragilidade da discussão do autor sobre os aspectos simbólicos da mercadoria.

O ponto crucial é que, para Sahlins, Marx não dá resposta à questão de saber por que é que uma sociedade escolhe o conjunto específico de bens que produz e não outro. Por outras palavras: o que é que determina as necessidades que determinam a produção?

A esta segue-se uma segunda crítica a Marx, a qual, por engenhoso artifício, Sahlins faz concluir na primeira, uma vez que alarga a crítica não só à produção (a natureza dos bens a produzir), mas também ao consumo (o modo como são usados) e especificamente à analise marxista da relação valor de uso/valor de troca. Na abordagem de Marx há, segundo Sahlins, uma falha fundamental, que lhe retira a força crítica: Marx teria partido do princípio de que o elemento misterioso da mercadoria dependia apenas do valor de troca e que nada havia de misterioso quanto ao valor de uso. Para Marx, o valor de uso seria perfeitamente inteligível: ele satisfaz às necessidades humanas.[13]

Porém, Baudrillard aponta lacunas na discussão de Marx sobre o processo do fetichismo da mercadoria, o que fortalece nossa reflexão:

---

[12] *Ibid.*, p. 58.
[13] Cf. Sut Jhally, *Os códigos da publicidade* (Porto: Asa, 1995), p. 55.

Marx nos indicou a direção errada, na euforia dialética das forças produtivas [...]. O trabalho remete a um valor próprio – aumento ou diferença de *status* [...]. Analisar a produção como código é passar pela evidência material das máquinas, das fábricas, do tempo de trabalho, do produto, do salário, do dinheiro e daquela, mais formal, porém igualmente "objetiva", da mais-valia, do mercado, do capital, para descobrir a regra do jogo – destruir o encadeamento lógico das instâncias do capital e até mesmo o encadeamento crítico das categorias marxistas que o analisam, e que ainda são apenas as de uma aparência em segundo grau do capital, as de sua aparência crítica, para descobrir os significantes elementares da produção, a relação social que ela engendra por todo o sempre dissimulada sob ilusão histórica dos produtores (e dos teóricos).

[...] A lógica do consumo não é a da apropriação individual do valor de uso dos bens e dos serviços – lógica de produção desigual, em que uns têm direito ao milagre e outros apenas às migalhas do milagre –, também não é a lógica da satisfação, mas a lógica da produção e da manipulação dos significantes sociais.[14]

Em oposição às críticas de Sahlins e Baudrillard a Marx, Jhally argumenta que Marx, ao definir mercadoria, deixa clara sua função de suprir necessidades imaginárias que implicam uma variabilidade na relação entre pessoas e objetos, baseada numa mediação simbólica.[15]

A argumentação de Jhally é válida, mas não apresenta justificativas suficientes que demonstrem, nos conceitos marxistas, a relevância dos aspectos simbólicos na relação da mercadoria com o indivíduo nos dias de hoje, porque, ao abordar o fetichismo do valor de troca da mercadoria, Marx afirma que o caráter misterioso da mercadoria não provém do seu valor

---

[14] Cf. Jean Baudrillard, *A troca simbólica e a morte* (São Paulo: Loyola, 1996), pp. 22-23.
[15] Cf. Sut Jhally, *Os códigos da publicidade*, cit., pp. 60-61.

de uso.¹⁶ Por outro lado, é importante ressaltar que a estrutura econômica capitalista de que tratava Marx se caracterizava pelo sistema fabril, fruto da Revolução Industrial. A dinâmica econômica atual tem estrutura diversa, cujo espaço central é ocupado justamente pela circulação de elementos simbólicos como mitos, crenças e valores. Com o advento tecnológico comunicacional contemporâneo, "o elemento cultural deixa de ser superestrutural e torna-se o processo central da reprodução econômica, o *locus* privilegiado de geração de lucro".¹⁷

As estratégias de marketing se orientam hoje muito mais no rumo de mobilizar o acervo de conteúdos presentes na esfera da cultura. A manipulação do elemento cultural torna-se a vértebra, o eixo principal, ou seja, o fio condutor de todo o processo de gestão mercadológica. Não basta apenas produzir, formar o preço e disponibilizar os bens e serviços à sociedade. Criar valor por meio da produção de sentidos presentes nas esferas culturais da sociedade é que garante a eficácia das ações do marketing e os lucros das organizações. O marketing contemporâneo se distancia cada vez mais de seu objeto de ação – a mercadoria como valor de uso –, concentrando-se no valor de signo, por meio da manipulação do consumo. O trabalho não se restringe mais a produzir necessidades coletivas e a trocar o excedente por outras mercadorias. Consumir passa a ser a extensão do trabalho.

Com o consumerismo, não nos distanciamos do trabalho em direção ao lazer ou ao ócio preconizado por autores como Domenico De Masi. Essa nova articulação das técnicas discur-

---

[16] "Como valor-de-uso, nada há de misterioso, quer observemos sob aspecto de que se destina a satisfazer necessidades humanas, com suas propriedades, quer sob ângulo de que só adquire essas propriedades em conseqüência do trabalho humano." Ver Karl Marx, *O capital: crítica da economia política*, vols. 1 e 2 (17ª ed. Rio de Janeiro: Civilização Brasileira, 1999), pp. 92-93.

[17] Ver Ladislau Dowbor, "Economia da comunicação", em Ladislau Dowbor et al. (orgs.), *Desafios da comunicação* (Petrópolis: Vozes, 2001), p. 49.

sivas engendradas pelo marketing nos coloca na direção contrária: quando não estamos trabalhando para sobreviver, estamos numa situação de entretenimento, que em geral é usada pelo sistema para faturar. Nessa nova prática do marketing, a mercadoria é o signo, e o processo que permite circular esses signos é a comunicação. Na era da informação, o processo comunicacional permeia tanto a esfera produtiva quanto a das relações humanas. Da mesma forma que um automóvel pode ser produzido em grande escala e personalizado, também os produtos culturais sofrem a ação do discurso tecnificado. A comodificação da produção de mercadorias (de produtos básicos como alimentação, roupas, materiais de higiene, móveis, eletrodomésticos, etc.) permeia também a esfera cultural (o prazer, a felicidade, a eternidade, o ódio, o amor, etc.).

As questões apresentadas são complexas e arenosas, por isso demandam uma discussão mais ampla e plural, a que daremos seqüência no próximo capítulo, abordando a trajetória de conhecimento do marketing pelo prisma da dinâmica do mercado.

Gestão mercadológica:
administração mercadológica ou manipulação da esfera cultural?

> O mercado, naturalmente, é apenas um sucedâneo parcial para o altruísmo, porque apenas nos obriga a servir aos interesses dos compradores efetivos e não, por exemplo, aos interesses de todos os necessitados.
> Georges Enderle *et al.*, *Dicionário de ética econômica*.

Neste capítulo, discutiremos os mecanismos de gerenciamento do mercado propostos por especialistas do marketing. No desenvolvimento desse descritivo teórico, analisaremos em que sentido a manipulação da informação passa a ser referendada como plataforma que regula o sistema de circulação de signos. O gerenciamento do mercado proposto pelos discursos de marketing, bem como sua prática, nos mostrará os limites do mercado como ambiente de regulação macroeconômica, numa perspectiva de espaço de circulação dos signos em detrimento da movimentação das mercadorias. Até que ponto o mercado, como local de troca de mercadorias, não se transforma em local de circulação de signos por meio de imagens e formas?

Começaremos definindo mercado, percorrendo a etapa econômica em que o marketing se estabeleceu como técnica de circulação das mercadorias pelas organizações na busca de maiores lucros. No trajeto, aprofundaremos a leitura sobre o composto que forja as atividades de administração de marketing (os chamados 4 Ps – produto, preço, praça e promoção).

Expressões como "a lógica do mercado", "o mercado regula a concorrência", "quem determina o preço é o mercado", "mercado global", "livre escolha no mercado", etc., nos remetem à seguinte questão: o que é o mercado? Simplificadamente, poderíamos afirmar que o mercado é o espaço de troca do que é produzido. É o lugar em que a força-trabalho, a matéria-prima, a infra-estrutura e o capital se conectam, por meio da troca, para satisfazer desejos e necessidades dos indivíduos. Com a complexidade nas relações do mercado e a distância entre o produtor e o consumidor, surgiu a necessidade de distribuir o excedente da produção em massa, para garantir o lucro das empresas – aprofundavam-se ainda mais os estudos sobre a administração mercadológica. Em 1960, McCarthy, professor de marketing na Universidade Estadual de Michigan, publica um livro de cerca de oitocentas páginas, denominado *Marketing básico: uma visão gerencial*, que se propõe a analisar de forma sistemática os elementos que compõem e influenciam o mercado. O livro aborda com profundidade os conceitos do macroambiente já citados por Kotler. McCarthy sugere uma metodologia para que as empresas administrem suas decisões, a fim de obter os melhores resultados.

A relevância do trabalho de McCarthy compreende principalmente dois aspectos: a contribuição das diversas ciências – economia, sociologia, antropologia e psicologia –, nas respostas às necessidades do marketing, e a sistematização e a integração do desenvolvimento do produto, da distribuição, da promoção e do preço, o chamado composto de marketing (conceitos presentes no discurso dos especialistas até hoje). Com isso, o marketing ganhou o formato de manual de tomada de decisões pelas organizações e de guia para a formação dos profissionais da área nas universidades de administração de empresas.

Em 1971, Kotler publica *Marketing Decision Making: A Model Building Approach*. Baseado nos conceitos apresentados por McCarthy, o livro pretende constituir-se em um manual de administração do ambiente organizacional e do macroambiente, fornecendo ferramentas para tomada de decisão gerencial. Com essa obra, Kotler torna-se provavelmente o autor mais lido no campo do marketing. Com uma trajetória de mais de trinta anos, seus livros venderam mais de 3 milhões de exemplares em vinte idiomas e são referência em 58 países. Atualmente, o autor ministra palestras por todo o mundo ao custo médio de 80 mil dólares por conferência, além de prestar consultoria a empresas como AT&T, General Electric, Ford, IBM, Michelin, Merck, DuPont e Bank of America.

Apesar de os conceitos disseminados por Kotler não serem realmente novos em relação aos de McCarthy, o autor constrói um discurso por meio de uma linguagem contextualizadora, relatando casos de êxito e fracasso das empresas que seduzem seus leitores. Provavelmente existem outros elementos que explicam o sucesso do autor, mas o que interessa aqui é a legitimidade desse discurso no campo do marketing. Analisaremos a principal ferramenta de marketing para a administração mercadológica – os 4 Ps –, trilhando o texto "Projetando o mix de marketing".[18] A escolha desse texto justifica-se por se tratar do último trabalho do autor que discute a questão do composto de marketing, trazendo suas mais recentes reflexões.[19]

---

[18] Philip Kotler, *Marketing para o século XXI* (São Paulo: Futura, 2002), pp. 123-154.
[19] Vale destacar que os estudos sobre estratégias de marketing não se esgotam em Kotler. McKenna, por exemplo, apresenta conceitos de estratégias de marketing focados na construção de experiências entre fornecedores e consumi-

Ao apresentar o discurso de Kotler sobre os mecanismos de gerenciamento do mercado, analisaremos em seus enunciados, carregados de exemplos das práticas de marketing, como o autor apóia suas idéias acerca da gestão mercadológica contemporânea. O exame acurado do discurso de Kotler permitirá reconhecer em que medida seus conceitos se baseiam numa estrutura orientada à produção e ao gerenciamento econômico da matriz de demanda e oferta das mercadorias, ou num sistema de manipulação de elementos da esfera cultural.

Trata-se então de apurar se os mecanismos de funcionamento das ações de marketing preconizados pelos especialistas se organizam por meio de critérios econômicos, na direção de atender à demanda por bens e serviços, ou de um fenômeno de uso do aparelho tecnológico comunicacional, para produzir "valores" e atribuí-los às mercadorias.

Esse tópico está ancorado na análise discursiva – recorreremos aos conceitos de Barros,[20] sobre geração do sentido do texto, e aos de Fairclough,[21] que trabalha na combinação

---

dores. Ver Regis McKenna, *Marketing de relacionamento* (22ª ed. Rio de Janeiro: Campus, 1992).

Esses conceitos serão abordados durante a investigação, porém nossa trajetória metodológica seguirá os conceitos disseminados por Kotler.

[20] "Para construir o sentido do texto, a semiótica concebe o seu plano do conteúdo sob a forma de um percurso gerativo. A noção de percurso gerativo do sentido é fundamental para a teoria semiótica e pode ser resumida como segue: o percurso gerativo do sentido vai do mais simples e abstrato ao mais complexo e concreto; estabelecem-se três etapas no percurso, podendo cada uma delas ser descrita e explicada por uma gramática autônoma, muito embora o sentido do texto dependa da relação entre os níveis; a primeira, a mais simples e abstrata, recebe o nome de nível fundamental ou das estruturas fundamentais e nela surge a significação como oposição semântica mínima; na segunda, denominada nível narrativo ou das estruturas narrativas, organiza-se a narrativa, do ponto de vista de um sujeito; a terceira é a do discurso ou das estruturas discursivas, em que a narrativa é assumida pelo sujeito da enunciação." Ver Diana Luiz Pessoa de Barros, *Teoria semiótica do texto* (4ª ed. São Paulo: Ática, 2000) pp. 8-9.

[21] Fairclough busca a integração da análise lingüística do texto com a prática social. "Minha tentativa de reunir a análise lingüística e a teoria social está

Figura 1 – Mix de marketing (4 Ps)

Mix de marketing

Produto
- variedade de produtos
- qualidade
- design
- características
- nome de marca
- embalagem
- tamanhos
- serviços
- garantias
- devoluções

Praça
- canais
- cobertura
- variedade
- pontos-de-venda
- estoque
- transporte

Mercado-alvo

Preço
- preço nominal
- descontos
- concessões
- prazo para pagamento
- condições de crédito

Promoção
- promoção de vendas
- propaganda
- força de vendas
- relações públicas
- marketing direto

Fonte: Philip Kotler, *Marketing para o século XXI* (São Paulo: Futura, 2002), p. 125.

---

centrada numa combinação desse sentido mais socioteórico de 'discurso' com o sentido de 'texto e interação' na análise de discurso orientada lingüisticamente. Qualquer 'evento' discursivo (isto é, qualquer exemplo de discurso) é considerado como simultaneamente um texto, um exemplo de prática discursiva e um exemplo de prática social. A dimensão do 'texto' cuida da análise lingüística de textos. A dimensão da 'prática discursiva', como 'interação', na concepção 'texto e interação' de discurso, especifica a natureza dos processos de produção e interpretação textual – por exemplo, que tipos de discurso (incluindo 'discursos' no sentido mais socioteórico) são derivados e como se combinam. A dimensão de 'prática social' cuida de questões de interesse na análise social, tais como as circunstâncias institucionais e organizacionais do evento discursivo e como elas moldam a natureza da prática discursiva e os efeitos constitutivos/construtivos referidos anteriormente." Ver Norman Fairclough, *Discurso e mudança social* (Brasília: UnB, 2001), p. 22.

do sentido socioteórico de discurso com o texto e interação na análise de discurso orientada lingüisticamente. Procederemos ao exame do discurso de Kotler sobre a administração mercadológica, no que concerne ao deslocamento da gestão mercadológica dos conceitos tradicionais do marketing (4 Ps) para um mecanismo de manipulação da produção de sentidos no sistema de consumo.

Como vemos na figura 1, o mix de marketing é constituído pelos elementos *produto, preço, promoção* e *praça*, aos quais Kotler denomina 4 Ps. Ao abordar o tema da perspectiva atual dos 4 Ps, Kotler apresenta críticas de outros especialistas da área sobre o mix de marketing. Uma delas se refere à necessidade de desdobrar os 4 Ps, ou seja, da criação de outros Ps que contemplem atividades como serviços, atendimento, embalagem, vendas pessoais, política e relações públicas. Kotler rebate essas críticas fazendo um paralelo com os economistas, que, desde o surgimento das teorias econômicas até os dias de hoje, se utilizam de apenas dois conceitos para sua estrutura de análise: demanda e oferta. Da mesma forma, para o autor, os 4 Ps são suficientes para o profissional de marketing orientar seu plano. Por outro lado, Kotler reconhece a validade da crítica de que os 4 Ps permitem olhar o mercado do ponto de vista do vendedor, e não do comprador. Os críticos sugerem a criação dos 4 Cs, conforme o quadro 2.

Quadro 2 – Os 4 Ps e Cs do marketing

4 Ps	4 Cs
Produto	Valor para o cliente
Preço	Menor custo
Praça	Conveniência
Promoção	Comunicação

Fonte: Philip Kotler. *Marketing para o século XXI*, cit., p. 126.

No quadro 2, o enunciador relaciona os 4 Ps e os 4 Cs, mostrando que, para tornar as ações de marketing mais lucrativas, é preciso transformar os desejos dos compradores em realidade. No discurso dos críticos dos 4 Ps – e, nesse caso, também no de Kotler –, o marketing se constrói principalmente pelos 4 Cs, ou seja, por meio dos temas "valor para o cliente", "menor custo", "conveniência" e "comunicação", as ações do marketing criam um mundo mais interessante para os consumidores. Diferentemente dos 4 Ps, que focalizam o discurso interno da empresa, os 4 Cs propõem focalizar o discurso no repertório do consumidor, mas tanto Kotler quanto seus críticos procuram acrescentar os 4 Cs ao processo sem excluir os 4 Ps.

A afirmação "transformar os desejos dos compradores em realidade" é um primeiro indicativo da retirada da gestão do marketing da plataforma econômica (demanda *versus* oferta) para uma matriz de ferramentas subjetivas de gestão. Isto é, no lugar de uma análise mercadológica de necessidades de mercadorias por parte da sociedade, instaura-se uma análise dos desejos, que, por sua vez, possui uma conotação multifacetada de sentidos. Com isso, abrem-se diversas possibilidades de persuadir e seduzir o consumidor. Os alimentos, os vestuários, as utilidades domésticas, etc., mais do que atender às necessidades de uso, são peças de um processo de sedução muito mais amplo, quando fomentadas com valores culturais presentes no consciente e inconsciente dos indivíduos.

A manipulação do enunciador

Até aqui, poderíamos fazer a seguinte análise do discurso de Kotler: num primeiro momento, o enunciador ancora suas teorias na competência de especialistas como os professores Neil Borden e Jerome McCarthy; apresenta a figura 1 como um modelo de transformação das atividades das empresas em maiores lucros; salienta que, embora os profissionais de marketing não vejam dessa maneira, ele e alguns críticos da teoria exposta na figura 1 julgam necessário olhar para o comportamento do comprador, propondo a inserção do quadro 2 no composto de marketing. Esse discurso parece ressoar a verdade absoluta – no limite, fala de críticos e suas visões sem nem sequer dar nomes ou fontes. Os temas e as figuras utilizados por Kotler para manipular e persuadir seus enunciatários podem ser facilmente observados já no início do texto.

"Um produto não é um produto a não ser que seja vendido. Do contrário, é apenas uma peça de museu (Ted Levitt). Ter vantagem competitiva é como ter um revólver em uma luta de facas (anônimo)."[22]

Kotler utiliza as figuras do museu e da faca para demonstrar que aqueles que não seguirem suas teorias estarão fora de lugar e sujeitos ao fracasso; já os que seguirem atentamente seu discurso terão a garantia de comercializar seus produtos maximizando lucros e obtendo vantagem competitiva sobre as demais empresas. Kotler discursa sempre na terceira pessoa, criando a ilusão da objetividade, construindo a idéia da verdade objetiva, forjando a aparência de distanciamento, diluindo, enfim, sua responsabilidade com o que é dito.

> Portanto, enquanto os profissionais de marketing se vêem como vendedores de um produto, os clientes se vêem como compradores de um valor ou da solução de um problema. E os clientes estão interessados em mais do que preço; estão interessados no custo total de obtenção, uso e descarte de um produto. Eles querem que o produto ou serviço esteja disponível da maneira mais conveniente possível. Por fim, os clientes não desejam promoção; querem uma comunicação bidirecional. Os profissionais de marketing deveriam pensar primeiro em atender

---

[22] Philip Kotler, *Marketing para o século XXI*, cit., p. 123.

aos quatro Cs do cliente e utilizá-los, em seguida, como uma plataforma para o desenvolvimento dos quatro Ps. Com essas qualificações, estamos agora preparados para examinar cada P em maiores detalhes.[23]

Nota-se que, mais do que disseminar os conceitos do marketing, o autor discursa para os especialistas e profissionais de mercado, um público que construirá as estratégias e ações mercadológicas. Assim, observa-se um discurso carregado de valores culturais presente no repertório de um executivo contemporâneo, ou seja, que busca o sucesso, a competitividade, o status, o reconhecimento, etc. Assim, a mercadoria de Kotler (seus conceitos, seu discurso) tem um pano de fundo ideológico, forjado por sentidos culturais que não representam necessariamente os conteúdos informativos disseminados pelo autor, mas que facilitam todo o processo de persuasão do consumidor – nesse caso, o leitor. O roteiro sugerido pelo autor para o sucesso do profissional de marketing é simples; a riqueza do discurso está ancorada em elementos culturais que formam o ambiente de seu público consumidor.

Produto: a arte de produzir subjetividades nos bens e serviços

Como proposta de construção do P de produto, Kotler desenvolve o seguinte:

> A base de qualquer negócio é um produto ou serviço. Uma empresa tem por objetivo oferecer algo de maneira diferente e melhor, para que o mercado-alvo venha a preferi-lo e até mesmo pague um preço mais alto por ele.

---

[23] *Ibid.*, p. 126.

Mas os produtos variam quanto ao grau em que podem ser diferenciados. Em um extremo, temos as chamadas *commodities*, como produtos químicos básicos, metais, frutas, legumes e verduras, sal e outros. O talento em marketing está mais à prova com produtos do tipo *commodity*. Mas não é sempre recomendável presumir que sejam *commodities*. Uma *commodity* não passa de um produto à espera da diferenciação.[24]

Em sua tratativa com o enunciatário, o enunciador propõe transformar o básico, ou seja, a commodity, em algo diferente. Para legitimar sua defesa da diferenciação, conta histórias de empresas de sucesso. Sobre a Perdue Chicken, por exemplo, transcreve frases de Frank Perdue, proprietário da empresa: "Um homem tem que ser duro para criar um frango macio"; "Se você consegue diferenciar uma galinha morta, você pode diferenciar qualquer coisa".[25] O discurso de Kotler se legitima por meio do recurso à figura do homem duro, que cria e inova na gestão do marketing, garantindo bons resultados. A imagem da galinha morta mostra que é possível converter a morte, o básico, o igual, o antigo em novo, moderno, diferente. Kotler cita o café colombiano, os abacaxis havaianos, as batatas de Idaho, o queijo de Wisconsin e o cigarro Marlboro como exemplos de diferenciação na mente das pessoas.[26] O enunciador não esclarece o que quer dizer com na mente das pessoas. Poderíamos supor que é algo abstrato, virtual ou imaginário. As expressões "manipular", "agir", "motivar a mente das pessoas" remetem às técnicas utilizadas por profissionais da publicidade, com a cooperação de sociólogos e psicólogos na década de 1950.[27]

---

[24] *Ibidem*.
[25] *Ibidem*.
[26] *Ibid*., p. 127.
[27] A discussão sobre o poder da publicidade de influenciar a mente das pessoas é polêmica. Trabalhos desenvolvidos na área da recepção (análise da interferência dos aspectos socioculturais na interpretação dos conteúdos da mensagem pelos receptores), realizados por especialistas em comunicação, como

Kotler conclui sua teoria de desenvolvimento do produto afirmando que as commodities podem ser diferenciadas em termos reais e psicológicos. De um lado, com ligeira diferenciação física, há a maciez do frango da Perdue, a tradição do café colombiano e a imagem do cigarro Marlboro. No pólo oposto, estão os produtos altamente diferenciados em termos físicos, como veículos automotores, equipamentos pesados e edifícios. Além das diferenças físicas, a esses produtos pode-se atribuir diferenciações psicológicas como prestígio (Mercedes), superioridade em desempenho esportivo (Porsche) ou segurança (Volvo).[28]

Nessa etapa de análise interna do texto,[29] pode-se observar que Kotler, por meio do discurso tematizado na diferenciação, no moderno, na vantagem competitiva, no psicológico, na unicidade e na personalização dos produtos aos desejos dos indivíduos, em contraposição ao básico, ao antigo, ao igual, ao real, ao não-competitivo, impele

---

[28] Maria Immacolata V. Lopes, Sílvia Helena Simões Borelli e Jesús Martin-Barbero, apontam para a hipótese de que a força de manipulação dos agentes publicitários se restringe, em grande medida, a esses elementos socioculturais. O processo de interferência da publicidade nas "mente" das pessoas tende a se desenvolver de maneira sistêmica. A concepção da manipulação dos conteúdos e estética da informação se estabelece por meio do emissor (no nosso caso, o produtor), do receptor (no nosso caso, o consumidor) e do ambiente. Por conta de um sistema de retroalimentação as informações circulam, não sendo possível controle total por nenhum dos atores. De outro lado, vale destacar que nesse sistema as forças são desiguais e, em conseqüência, têm possibilidades de manipulação também diferentes. Voltaremos a essa questão na parte II deste livro, "Tecnologias, comunicação e informação", ao tratarmos dos conceitos sobre a comunicação, quando então retomaremos essa discussão com mais elementos, de modo a auxiliar nossa compreensão.
[28] Philip Kotler, *Marketing para o século XXI*, cit., p. 128.
[29] Um texto se define de duas formas complementares: como organização ou estruturação que faz dele um "todo de sentido" e como objeto da comunicação que se estabelece entre um destinador e um destinatário. A primeira concepção de texto, como objeto de significação, faz com que seu estudo se confunda com o exame dos procedimentos e mecanismos que o estruturam como um "todo de sentido". A esse tipo de descrição tem-se atribuído o nome de análise interna ou estrutural do texto. Ver Diana Luiz Pessoa de Barros, *Teoria semiótica do texto* (4ª ed. São Paulo: Ática, 2000), p. 7.

o enunciatário a decidir em que mundo quer estar: no do sucesso de Kotler ou no do fracasso dos que não adotaram suas teorias.

São com esses elementos tematizados por Kotler que os especialistas de marketing constroem o discurso para manipular e persuadir os indivíduos a consumirem seus produtos. O que Kotler não relata nesse caso é de que maneira essa prática se desenvolve atualmente nas campanhas de marketing das empresas fornecedoras de bens e serviços. Um exemplo que demonstra a importância do discurso na eficiência desse sistema de construção de produto é o êxito da marca Marlboro como líder da categoria, com participação de 30% no mercado mundial, o sabor do cigarro sendo item não determinante da aquisição do produto.

A Philip Morris, por meio da tradicional campanha identificada com caubóis durões, transforma o produto naquilo que Kotler denomina diferenciação na mente das pessoas. O discurso é construído com base nas aventuras da figura de um vigoroso personagem, cujo poder reside justamente na virilidade com a qual conquista todos os seus sonhos e ganha visibilidade em todos os espaços sociais. A mercadoria fica em segundo plano; o valor da marca é referendado pelo poder de interferência no comportamento de consumo dos indivíduos. A mercadoria é a felicidade, o sucesso, o amor, a superioridade – e tudo isso ganha vida com toda a tecnologização do discurso que o processo comunicacional contemporâneo permite. O uso, o sabor e as competências do produto dão lugar ao imaginário de valores culturais encarnado no consciente e inconsciente (e, portanto, nos corpos) dos indivíduos. Os custos sociais que muitas vezes são desencadeados pelo valor de uso do produto se escondem nesse "véu de noiva" que fetichiza todo o sistema de consumo.

Nesses termos, a propaganda de cigarro é boa para pensar.[30] Em face dos aspectos claramente nocivos do tabagismo, esse é um caso-limite dessa apropriação dos interesses econômicos específicos sobre os símbolos culturais inteligíveis à população, com o intuito de fomentar a necessidade de consumo de uma mercadoria que, entre outros desdobramentos, pode levar à morte. Uma primeira análise das propagandas brasileiras de cigarro da década de 1990 chama a atenção a um progressivo desaparecimento do cigarro e do ato de fumar. Isso é especialmente visível quando comparamos estas com as propagandas dos anos 1980. Enquanto o culpado (cada vez mais solenemente banido por campanhas antitabagistas de alcance) se retira da cena, ressurgem com toda a força as imagens de uma vida feliz ou de uma aventura de acordo com o gosto e o estilo de vida de segmentos específicos. Ao exibir cenas de gente saudável e bonita, que não conhece limites, que é capaz de tomar de pronto suas decisões porque se trata de "mera questão de bom senso", que se deleita com "um raro prazer", a propaganda de cigarro oculta sua própria contradição, a ponto de um órgão governamental, nesse caso o Ministério da Saúde, exigir por força de lei a inserção dos custos individuais e sociais que o cigarro impõe.

Assim, conforme o público para o qual se define o preço, cada marca de cigarro explora um conjunto diferente de referenciais simbólicos. Os jovens de meia-idade desbravam a natureza inóspita pela mais alta tecnologia de esportes radicais nas propagandas de Hollywood; na aventura, não existem limites para quem pertence a esse mundo – *No limits*, diz o slogan. Os jovens artistas, moçada intelectualizada e ciberné-

---

[30] A pesquisa sobre as propagandas de cigarro no Brasil foi realizada como trabalho final da disciplina do professor doutor Nicolau Sevcenko, "História contemporânea II", em 1998, em parceria com Marcelo Daher, a quem agradecemos a disponibilização dos dados.

tica, apesar de estilos alternativos de vida e da incontestável individualidade assumida – cada um na sua –, buscam os valores mais arraigados na sociedade: amor, paixão, amizade, liberdade. E tudo isso pode, para nossa surpresa, ser alcançado por meio de algo que eles têm em comum: o cigarro Free. O "raro prazer" que o Carlton dá ao seu usuário desdobra-se numa vida igualmente rara – ventos levantam finas cortinas de uma solitária casa na praia, águas cristalinas escorrem por belos corpos femininos, espaços desertos em tonalidades esbranquiçadas oferecem, a quem fuma essa marca, uma possibilidade de reflexão, individualidade e meditação. O Brasil se abre e brilha com todas as cores de sua gente e de suas paisagens numa ininterrupta festa nas propagandas de Derby. Há diferenças – há cariocas, gaúchos, baianos... É impossível se conhecer nessa terra tão vasta... Mas felizmente é possível reinstaurar a fraternidade e o companheirismo por intermédio de um valor comum a todos, que conquistou o Brasil – o cigarro Derby.[31]

O que se observa é que o marketing, aproveitando os recursos cada vez mais sofisticados oferecidos pelas tecnologias comunicacionais, apropria-se de um conjunto de símbolos de dada comunidade para construir sua identidade de marca. Ao fazê-lo, desenvolve formas de comunicação que induzem ao sentimento de pertença da identidade forjada pelo repertório dos valores, dos mitos e das crenças vinculados a determinada marca-mercadoria. Os exemplos das estratégias de comunicação de marketing das empresas de cigarro direcionam para a discussão sobre a formação de identidades. Nota-se que as estratégias de marketing dessas empresas foram marcadas

---

[31] Vale notar que a marca Derby, cuja propaganda sem dúvida se apropriou do estilo do mundo de Marlboro, ressignificando-o no contexto brasileiro, teve, desde então, vertiginoso crescimento nas vendas, hoje dominando 40% do mercado.

fortemente por um desaparecimento do produto, o cigarro, dando lugar à encenação de estilos de vida.

Muito embora não concordemos na totalidade com a discussão de Castells sobre a construção da identidade na era da informação, propomos recorrer a suas definições acerca da construção de identidade, para então nos debruçarmos sobre a questão. O autor, em linhas gerais, define a construção de identidades por meio de três categorias: identidade legitimadora, de resistência e de projeto. A primeira se define por força da dominação de instituições sobre os atores sociais; a segunda, pela resistência desses atores sociais; e a terceira, pela utilização de qualquer material cultural que transforme a estrutura social.[32]

Assim, é interessante construirmos uma análise mais minuciosa sobre a categoria de identidade de projeto de que fala Castells, a qual contribui de maneira significativa em nossa discussão sobre o marketing. Por um lado, é correta a afirmação de Castells acerca das novas identidades que surgem com o estímulo do advento tecnológico comunicacional, que o autor denomina sistema de rede. Isto é, a nova forma comunicacional potencializa o surgimento de identidades: ecologistas, feministas, fundamentalistas religiosos, nacionalistas, localistas, etc. A comunicação atua na construção tanto de identidades locais quanto globais, podendo fortalecer os valores culturais de determinada comunidade; ou provocar a esterilização de uma cultura por outra hegemônica. O notório é que essa nova forma comunicacional transforma o processo de construção de identidades. E, nesse âmbito, o marketing se apropria desse material ideológico, para então construir suas ações, encenando, nas estratégias, essa ou aquela identidade com o uso de símbolos culturais.

---

[32] Manuel Castells, *O poder da identidade* (São Paulo: Paz e Terra, 1999), p. 24.

Embora concordemos com Castells quanto ao surgimento de novas identidades na era da informação ou comunicação, não compartilhamos da idéia de que estas são frutos das identidades de resistência. Ora, o fato de estarmos numa sociedade não mais orientada ao poder das indústrias não significa que desaparece o poder do capital. No lugar de indústrias, observamos o surgimento de grandes conglomerados comunicacionais, como Microsoft, Time Warner, Bertelsmann, Sony e outros, que exercem poder econômico similar ou maior do que grandes organizações como Ford, General Electric, General Motors exerceram na era industrial. O que se observa é a ação dos especialistas das grandes organizações de se apropriarem dos valores culturais por meio de um motor semiótico de produção de sentidos no processo de construção de identidades.

Semprini fornece bons subsídios a essa questão. O autor faz uma análise semiótica da construção da marca. Para justificar a importância desse processo, aponta dez elementos que asseguram o deslocamento de foco de marketing do produto para o da marca: 1) crescimento quantitativo e qualitativo da oferta dos produtos; 2) saturação progressiva dos mercados; 3) abertura das empresas de comunicação; 4) poluição midiática; 5) desmaterialização dos produtos; 6) perda de sentido dos produtos; 7) atribuição de um novo peso simbólico aos produtos; 8) diversificação dos comportamentos sociais; 9) diversificação dos comportamentos dos consumidores; 10) desilusão do consumo na vida das pessoas.[33]

Não abordaremos cada item citado pelo autor, por não ser o estudo da marca o objeto de nossa discussão. Apenas destacaremos a desmaterialização dos produtos, a perda do

---

[33] Cf. Andrea Semprini, *El marketing de la marca* (Barcelona: Paidós, 1995), pp. 24-36.

sentido destes e a atribuição de um novo peso simbólico a eles, por constituírem os itens que melhor caracterizam o processo de construção de identidades das estratégias do marketing. Com base nesses itens, Semprini deixa claro que, com o consumerismo, os indivíduos são cada vez menos seduzidos a consumir as mercadorias somente no discurso das competências técnicas e utilidades do produto. A similaridade das mercadorias – ou a comoditização propriamente dita – está levando as empresas a se ancorarem em novos valores. A marca se insere nesse espaço, com o desafio de dar novos sentidos ao consumismo.

> A marca é um motor semiótico, seu combustível está integrado por elementos díspares como nomes, cores, sons, conceitos, objetos, sonhos, desejos, etc.; seu resultado é um mundo ordenado, estruturado, interpretado e, em certo sentido, atrativo.[34]

Na definição de Semprini, abre-se a perspectiva de que a marca se sobreponha à mercadoria, levando o consumidor a adquirir a possibilidade de pertencer a determinado mundo imaginário. A perda do sentido dos produtos e a atribuição de novo peso simbólico estão intimamente relacionadas ao fato de os produtos se tornarem commodities. Destacamos que a maior parte das mercadorias produzidas atualmente são commodities, uma vez que o avanço e o barateamento tecnológico ocorridos nas últimas duas décadas vêm permitindo que as empresas produzam e comercializem as mercadorias de maneiras muito similares. O acesso das indústrias de automóveis, de produtos eletrônicos, químicos, plásticos, etc., às tecnologias é cada vez mais semelhante, bem como a forma de distribuição das mercadorias: os grandes varejistas como Wal-Mart, Carrefour, Pão de Açúcar têm o mesmo acesso às novas tecnologias. O resultado disso no modelo econômico

---

[34] *Ibid.*, p. 47.

é que mercadorias como televisores, automóveis, vestuários, móveis, etc., se tornam commodities como o aço, o arroz, o feijão, a soja... Em virtude da grande quantidade de fusões e alianças, cada vez mais as mercadorias são produzidas por um número reduzido de empresas.

O resultado prático dessas fusões e alianças é uma estrutura de monopólio na produção de mercadorias. Dênis de Moraes, ao mapear a estrutura de monopólio do setor de comunicação no mundo, fornece dados que fortalece essa questão.

> [...] estudos da consultoria norte-americana McKinsey sobre fusões e alianças concluem que a competição mundial nos próximos anos tende a envolver apenas cinco grandes empresas por setor. 'Estamos em meio a uma corrida para ver quem sobreviverá', diz Heinz-Peter Elstrodt, sócio da McKinsey. Raj Sisodia, professor de marketing da George Mason University, é taxativo: 'Numa economia madura, três companhias gigantes, invariavelmente, ficam com 70% do mercado'. E cita exemplos: 'McDonald's, Burger King e Wendy dominam o fast-food; Nike, Adidas e Reebok são as maiores do tênis; Michelin, Goodyear e Bridgestone dão as cartas nos pneus'. [...] Na avaliação abalizada de Robert W. McChesney, professor e pesquisador da Universidade de Wisconsin, o mercado global de mídia gira em torno de cinco a oito conglomerados, com uma ou duas dúzias de empresas consideravelmente grandes ocupando os segmentos regionais de mercado e tendo acordos operacionais com um ou mais gigantes. A previsão é idêntica à feita em 1989 pelo então presidente da Time Incorporated, Nick Nicolas, quando da fusão com a Warner Communications: até 2000, de seis a oito megacompanhias controlariam a comunicação no planeta.[35]

Nesse mesmo âmbito, Dowbor relata:

> Um elemento que não temos levado suficientemente em conta é a redução do espaço dos mecanismos de mercado. Mas uma

---

[35] Cf. Dênis de Moraes, *Planeta mídia* (Campo Grande: Letra Livre, 1998), pp. 60-72.

exacerbação da competição não significa que se trata de mecanismos de concorrência de mercado. Hoje 35% do comércio mundial se dá entre filiais e matrizes das mesmas empresas, segundo preços acertados de forma administrativa, onde o mercado tem muito pouco a ver. Os espaços econômicos globalizados são controlados por grupos muito reduzidos. No caso dos Estados Unidos, as 25 maiores empresas controlam 51% da totalidade dos investimentos externos diretos do país. Se contarmos as cem maiores, o nível de controle sobe para 88%. Entre os jumbos da economia global, o que prevalece não é a concorrência de mercado: são os acertos interempresariais (*inter-firm agreements*), que, segundo a *Unctad*, atingiram 4.600 em 1995, número que triplicou em poucos anos.[36]

Também Korten menciona o sistema de oligopólio criado no setor de brinquedos nos Estados Unidos: em uma década, passou-se de modestos 5% nas mãos de um fabricante para o controle total, nos dias de hoje, de não mais que seis companhias, entre elas o Wal-Mart, a Kmart e a Target Sore.[37]

Finalmente, Rifkin fornece pistas que elucidam a tendência da concentração dos negócios nas mãos de poucas empresas, ao tratar da monopolização das idéias.

Dez empresas da ciência da vida agora detêm 23% dos 23 bilhões de dólares da negociação de sementes comerciais. Três empresas da ciência da vida, a DuPont, a Monsanto e a Novartis, têm receitas combinadas de sementes de 4,5 bilhões de dólares por ano. Só a Monsanto gastou mais de 8 bilhões de dólares na aquisição de empresas de biotecnologia agrícola e de sementes nos anos recentes, tornando-se líder da indústria. Em 1998, a Monsanto aumentou sua coleção de sementes, comprando duas das dez maiores empresas de sementes do mundo: a DeKalb Genetics e a empresa internacional de sementes Cargill. A Monsanto também está tentando comprar a Delta and Pine Land Co.,

---

[36] Cf. Ladislau Dowbor, "O que há por trás das forças do mercado?" em *PUCviva*, nº 3, ano I, São Paulo, 1998, p. 33.
[37] Cf. David C. Korten, *Quando as corporações regem o mundo*, cit., p. 254.

a maior empresa de sementes de algodão do mundo, e comprou a Plant Breeding International, uma empresa instalada no Reino Unido que antes era da Unilever. A Monsanto, que já foi uma empresa química e agora é uma empresa da ciência da vida, controla 33% do mercado de soja, 15% do mercado de sementes de milho e, com a aquisição da Delta and Pine Land, 85% do mercado de sementes de algodão nos Estados Unidos.[38]

Com base nas citações de Moraes, Dowbor, Korten e Rifkin, que analisam a monopolização do setor produtivo, observamos uma tendência crescente de comoditização das mercadorias. Muito embora os especialistas de marketing, entre eles Kotler, propalem o discurso de que as empresas devem construir diferenciais em seus produtos como forma de vantagem competitiva, o cenário macroeconômico ilustrado demonstra um viés contrário a essa posição. Vale então pensar se essa busca pela diferenciação não se situa na esfera cultural ou, como prefere denominar Kotler, nos aspectos psicológicos. Ou seja, em vez de forjar diferenças físicas nos produtos que facilitem, melhorem, simplifiquem o uso de um bem ao consumidor, criam-se sentidos pela agregação de valores como prestígio, superioridade, segurança, felicidade, etc., como forma de sedução para aquisição do produto. A diferenciação das mercadorias por meio da atribuição de sentidos torna as relações humanas, num período não tão distante, comoditizada como a mercadoria. Isto é, da mesma maneira que as organizações buscam incansavelmente elementos que justifiquem uma diferenciação de seu produto em relação à concorrência, trilhamos para a busca pela diferenciação das relações humanas.

Com essa perspectiva, Rifkin desenvolve a idéia de que as relações humanas estão se comodificando da mesma maneira que as mercadorias. Para o autor, percorrido o processo

---

[38] Cf. Jeremy Rifkin, *A era do acesso* (São Paulo: Makron Books, 2001), p. 55.

de comoditização das mercadorias, as empresas iniciaram a comoditização das relações humanas. O autor cita o conceito de *lifetime value* (LTV), que extrapola a função de vender uma mercadoria a um indivíduo e passa a significar o controle total sobre sua vida. Rifkin dá o exemplo da empresa Automobile Carl Sewell: "Cada usuário que chega a uma loja da empresa representa um potencial de consumo de mais de 320 mil dólares a serem gastos ao longo de toda a sua vida".[39]

No setor da saúde, o autor cita a companhia Medco Containment Services:

> Mais do que prestar um serviço médico, a Medco realiza o gerenciamento da doença do indivíduo, desde a consulta preventiva com médicos especialistas até o controle alimentar, físico e de medicamentos. Para se ter uma idéia do poder desse novo modelo econômico, basta saber que o laboratório farmacêutico Merck estima que, no ano 2000, 80% dos seus negócios foram realizados com a Medco.[40]

Resumindo, para Rifkin as mercadorias já se tornaram commodities, e as relações humanas seguem na mesma direção. Sob esse prisma, propomos a seguinte questão: se os produtos não têm diferenciação quando analisados a partir das mesmas categorias de investimento tecnológico, matéria-prima e força de trabalho (como exemplo, poderíamos citar a indústria de automóveis no Brasil, com os veículos populares Gol, Corsa, Palio, Ford Ka), por que as empresas investem grandes volumes de dinheiro nas diversas formas de marketing?

Podemos afirmar que as influências físicas e psicológicas das ações de marketing nos consumidores abordadas por Kotler são explicadas pela construção de marca apresentada por Semprini e pelo discurso da comoditização das mercadorias

---

[39] *Ibid.*, pp. 98-104.
[40] *Ibidem.*

e das relações humanas formulado por Rifkin. Em primeiro lugar, as reflexões e os dados apresentados por Rifkin, Moraes, Dowbor e Semprini demonstram que as influências dos aspectos físicos que Kotler aponta na sedução dos indivíduos no processo de consumo representam cada vez menos uma estratégia de diferenciação para o marketing das organizações, ou seja, a comoditização é um elemento definitivo para a não-diferenciação dos produtos no aspecto físico. E o discurso sobre as influências psicológicas de Kotler exige uma análise mais acurada. Assim, por meio da semiótica, a construção de marca de que fala Semprini examina mais objetivamente a prática dos especialistas de marketing na persuasão dos indivíduos a partir dos discursos tecnologizados. Até o momento, o que se observa não é propriamente uma comoditização das mercadorias e das relações humanas de padronização desses elementos, mas, ao que parece, uma tecnologização do discurso do marketing, isto é, a permeabilidade do discurso a todo um aparato tecnológico que permita o conhecimento e o controle sobre os repertórios dos valores culturais do enunciador e do enunciatário.

Preço: o fetiche da formação de preços das mercadorias

O processo de formação de preços, que já teve como princípio metodológico os custos do produto mais a margem de lucro do capitalista, ganha novos horizontes na estratégia do marketing contemporâneo. Kotler, por exemplo, o define assim:

> O preço dos produtos ou serviços das organizações com ou sem fins lucrativos está inserido nas diversas relações humanas, ou seja, na aquisição de um serviço de transporte, na compra de um carro, na remuneração de um conferencista; sendo o preço de

um executivo o ordenado, o preço de um vendedor a comissão, o preço de um operário o salário. Embora muitos economistas não concordem, o imposto de renda é o preço que pagamos pelo privilégio de ganhar dinheiro.[41]

Para o autor, apesar de o preço não ser mais o fator determinante no comportamento de escolha do consumidor, permanece como um fator importante na participação de mercado das organizações e na sua rentabilidade. Em síntese, preço, dentro do composto de marketing, é o valor máximo que um vendedor consegue receber pelo seu produto ou serviço, tendo como contraponto o valor mínimo que o comprador consegue pagar.

Para mostrar o processo de maneira mais detalhada, Kotler e Armstrong apontam uma estratégia para criar e administrar a formação de preço, conforme o quadro 3.

Quadro 3 – Formação de preço

Qualidade \ Preço	Mais alto	Mais baixo
Mais alta	Estratégia de preço premium	Estratégia baseada no valor
Mais baixa	Estratégia de preço exorbitante	Estratégia de economia

Fonte: Philip Kotler & Gary Armstrong (orgs.), *Princípios de marketing* (7ª ed. Rio de Janeiro: Prentice Hall do Brasil, 1998), p. 254.

Depreende-se desse esquema que a estratégia do quadrante premium deve ser explorada pela organização por meio de preço alto do produto ou serviço, apoiado na garantia de qualidade; a estratégia de preço exorbitante revela-se quando as organizações aliam preço alto a um produto que não é de alta qualidade; no caso da estratégia de economia, o enfoque é no preço baixo, sem que haja preocupação com a qualidade do produto ou serviço; a estratégia baseada no

---

[41] Cf. Philip Kotler, *Administração de marketing: análise, planejamento, implantação e controle* (4ª ed. São Paulo: Atlas, 1996), p. 424.

valor parece ser a mais adequada na visão dos autores, posto agregar valor alto de qualidade a um preço baixo aos consumidores. Esse modelo, segundo Kotler, faz com que as empresas definam seu preço, imaginando quanto o consumidor está disposto a pagar pelo produto. A empresa estima o valor máximo que determinado perfil de consumidor está disposto a pagar, cobrando um pouco menos para que ele se sinta confortável – levando vantagem. A conseqüência para a empresa pode ser o prêmio do lucro desejado ou a sanção de não disponibilizar o produto ao consumidor. Por outro lado, o consumidor tem como sanção pagar um preço acima do valor real da mercadoria ou não ter o produto disponível. As relações entre empresas e indivíduos não parecem equilibradas. As empresas têm a opção de obter o prêmio do lucro ou a punição por não poderem comercializar o produto; os indivíduos, adquirindo o produto ou não, são penalizados.

Para ilustrar essa estratégia de formação de preço, Kotler relata o êxito da empresa DuPont. Por meio de sedução e intimidação, a empresa induziu determinado perfil de consumidor a adquirir por 10 mil dólares uma mangueira cujo custo de fabricação era de 100 dólares.[42] O argumento da sedução era a economia de 30 mil dólares na aquisição desse artefato – custo de cada paralisação da produção para troca da mangueira no processo de manutenção; perdem-se 10 mil dólares por dia nessa operação. A duração média do similar dos concorrentes é de um ano, contra três da DuPont. O apelo de intimidação passava pelo fato de que, se o cliente não adquirisse a mangueira da DuPont, incorreria na elevação de custos de

---

[42] É importante destacar que Kotler não menciona se no preço de custo da mangueira da DuPont estão incluídos os investimentos de pesquisa. Porém, mesmo que se considere esse custo, a diferença para o preço de venda final do produto aponta para outra lógica de formação de preço que não a de insumos mais força de trabalho e lucro do capitalista. Ver Philip Kotler, *Marketing para o século XXI*, cit.

sua cadeia de valor – custos administrativos, operacionais e comerciais –, embotando sua competitividade. Os custos da DuPont em pesquisa, matéria-prima e força de trabalho para o desenvolvimento da mangueira ficam em segundo plano nessa sistemática de formação de preço. O prêmio dos altos lucros conquistado pela DuPont só é ameaçado pelas ações dos concorrentes, isto é, os preços são acrescidos de grande margem de lucro, viabilizando a manipulação, até que a concorrência incomode, o que se responde com um novo produto, com as mesmas características e preços mais competitivos.

Na transposição dessa mesma lógica de formação de preços para áreas sociais como educação e saúde, como sugere Kotler,[43] configuram-se riscos de os indivíduos precisarem de produtos ou serviços essenciais e não terem condições de adquiri-los. Como exemplo disso, poderíamos citar a problemática atual dos medicamentos para o tratamento da aids, que, dado seu valor aos indivíduos que deles necessitam – e, nesse caso, estamos falando em estar entre a vida e a morte –, não podem ser entendidos da mesma forma que os artefatos da categoria da mangueira DuPont. No caso do medicamento, é imperioso que se considere o aspecto de emancipação do indivíduo consumidor, sua cidadania e, tantas vezes, até mesmo sua sobrevivência.

Ainda quanto aos exemplos de Kotler, a inclusão do acesso ao teatro, ao cinema e ao serviço médico entre as atividades pautadas pelo sistema de formação de preço baseado em valor suscita outras reflexões.[44]

---

[43] "As universidades competem por alunos; os museus tentam atrair visitantes; as organizações teatrais, cinematográficas e outras desejam conquistar um público; as igrejas buscam fiéis, e todas essas organizações procuram angariar fundos. Os indivíduos também realizam atividades de marketing: políticos buscam votos; médicos procuram pacientes e os artistas, celebridade." *Ibid.*, p. 11.

[44] "O preço baseado em valor aparece também em outros contextos. As pessoas pagam mais por lugares na plateia do que nos balcões, no teatro; pagam mais aos sábados do que nos dias de semana, e pagam mais pelos serviços de médicos e consultores mais experientes." *Ibid.*, p. 131.

O cinema e o teatro como formas de aquisição de conhecimento e sociabilidade deveriam ser tomados como serviços essenciais. A restrição do acesso a esses espaços em razão de preços mais altos nos fins de semana pode ser um elemento limitante da inserção de indivíduos cuja renda não permite essa extravagância ou que cumprem suas atividades profissionais ao longo da semana, por isso não podem, nesse período, se dedicar à fruição e ao lazer nesses espaços.

O caso da saúde é muito mais preocupante. Enquanto os que possuem maior renda podem, por intermédio de convênios médicos e mesmo pela prestação de serviços particulares, consultar médicos, fazer exames e gozar de atendimento hospitalar com profissionais qualificados, os de menor renda submetem-se ao tratamento com prestadores de serviços menos qualificados, funcionários públicos mal remunerados e com precários recursos para os procedimentos ambulatoriais e hospitalares.[45] A questão é que não há como classificar as doenças como mais ou menos qualificadas, ou seja, independentemente do poder aquisitivo dos indivíduos, suas necessidades no tratamento de saúde são potencialmente as mesmas. Não se trata aqui de negar as diferenças de preços decorrentes da capacitação e qualificação dos profissionais. A discussão que propomos é atinente aos limites da construção dos sentidos que, justificando, no âmbito discursivo, a formação de preço de bens e serviços, lhes restringe o acesso de grande parte da população.[46]

---

[45] Sobre a estrutura de cobertura pelos planos de saúde da população brasileira, a "Síntese de Indicadores Sociais de 2000", produzida pelo IBGE, traz dados interessantes: no item "Possuem plano de saúde", os números foram: 5,2% dos 40% mais pobres e 74,2% dos 10% mais ricos. No item "Cobertura de plano de saúde (%)", os números foram: No Brasil, 25,7% cobertos e 74,2% não cobertos. Ver Instituto Brasileiro de Geografia e Estatística, *Síntese de Indicadores Sociais de 2000. Estudos e pesquisas, informação demográfica e socioeconômica*, nº 5 (Rio de Janeiro: IBGE, 2001), pp. 68-69.

[46] Segundo pesquisa sobre a indústria farmacêutica publicada no site Panorama Setorial, da *Gazeta Mercantil*, os custos de produção dos medicamentos

Retornando às propostas de formação de preço teorizadas pelo marketing, Kotler apresenta a estratégia de formação de preços por meio de segmentos. O quadro 4 mostra um exemplo do segmento automobilístico que permite a análise de posicionamento de preço. O carro Mercedes-Benz é considerado padrão ouro por atender a uma necessidade de status, além dos demais benefícios de utilidade; o carro Audi, bem como o Lincoln, o Lexus, etc., segue a mesma proposta, mas é considerado de grau inferior pelos consumidores. Numa posição abaixo, vêm as outras marcas: Volvo, que atende à segurança, e Porsche, diretamente ligado ao alto desempenho. A proposta de formação de preço de Kotler denota que o preço ideal do produto é quanto o indivíduo está disposto a pagar pelo status, pela sensação de liberdade e virilidade, pela esperança de imortalidade, enfim, pelos diversos símbolos (sentidos) sociais e culturais apropriados aos produtos. Assim, o quadro 4 apresenta como não-competitivo o preço baixo que não ofereça essas vantagens aos indivíduos.

Quadro 4 – Formação de preços por meio de segmentos

Segmento	Exemplo (automóveis)
Definitivo	Mercedes-Benz
Luxo	Audi
Necessidades especiais	Volvo
Médio	Buick
Facilidade/conveniência	Escort
Convencional, mais barato	Hyundai
Orientado ao preço	Yugo

Fonte: Philip Kotler, *Administração de marketing: análise, planejamento, implantação e controle*, vols. 1, 2 e 3 (São Paulo: Atlas, 1986), p. 425.

---

representam de 20% a 30% dos gastos totais com a produção dos medicamentos. Cf. http://www.panoramasetorial.com.br, acessado em 2000.

Outros especialistas em marketing, como Michael Porter, C. K. Prahalad, Gary Hamel e Kenichi Ohmae, afirmam que as organizações devem definir sua estratégia de preço de acordo com o setor em que atuam. Isso significa que a organização precisa definir sua estratégia de atuação entre diferenciação e custo. Especialista em estratégia competitiva, professor da Harvard Business School e consultor de grandes companhias em todo o mundo, Porter[47] sugere que as organizações que optarem por liderança no custo – padronização, produção em série e massificação do produto ou serviço – desenvolverão todas as suas ações buscando o menor custo e, em conseqüência, o menor preço final. Por outro lado, as organizações que optarem pela liderança na diferenciação – personalização, durabilidade do produto ou serviço, imagem do produto, entre outras – terão custos maiores e, conseqüentemente, oferecerão preços também maiores ao consumidor.

Expostos os eixos norteadores dos conceitos de formação de preço das mercadorias propostos por Kotler, descortina-se a magia sedutora que paira sobre os consumidores, provocada pelo discurso dos especialistas em marketing.

Uma primeira indicação de fetichismo que se estabelece nos conceitos de formação de preço revelados até o momento é citada por Kotler:

> Sob a influência do aumento de renda, as famílias estão empatando menos tempo em trabalhos domésticos. Seu composto de compras passou de artigos como farinha, pêssegos frescos e panos de algodão para pão, pêssegos em conserva e confecções. Um número crescente de bens duráveis como refrigeradores, fogões a gás, rádios e automóveis também começaram a ficar ao alcance da família média. Muitos desses novos artigos podiam ser diferenciados funcional ou estilisticamente, ou pelo

---

[47] Ver Michael Porter, *Vantagem competitiva: criando e sustentando um desempenho superior* (10ª ed. Rio de Janeiro: Campus, 1990).

menos psicologicamente, através de marcas, embalagens e propaganda. O aspecto simbólico da fixação de preços tornou-se cada vez mais importante. A etiqueta com o preço não mais funcionava como antes: a venda de certos bens podia ser mais bem estimulada através de preços mais altos em vez de mais baixos. Isso podia acontecer por duas razões diferentes. Em alguns casos, o preço mais alto tornava a mercadoria mais atraente para os esnobes. Em outros casos, o preço mais alto aumentava a confiança, no cliente, de que estava comprando qualidade.[48]

Segundo Kotler, dois fatores principais determinam as bases da construção do preço dos produtos e serviços: 1) o composto de compras (por exemplo, pêssegos em conserva no lugar de pêssegos frescos), mudança determinada, em grande medida, por aspectos psicológicos, ou seja, conforme denomina o autor, simbólicos; 2) o aumento da renda média familiar.

Quanto aos fatores simbólicos, o exemplo do pêssego em conserva, demonstrativo da nova cadeia de valores na formação de preço, remete aos mesmos critérios utilizados pelo autor no desenvolvimento do produto. Mais uma vez, a reprodução do fetiche se instaura por meio dos signos. Ao se transformar em conserva, o pêssego fresco ganha outro *status*; com os conservantes químicos, a embalagem, o rótulo, como aponta o próprio autor, o pêssego pode agora ser diferenciado não apenas por critérios funcionais, mas também por apelos psicológicos. Para o consumidor, o valor agregado a essa mercadoria torna-se fetiche pelas imagens e formas presentes nos discursos das propagandas televisivas, folhetos, outdoors, etc. Um exemplo que reflete bem esse mecanismo de atuação do marketing é uma campanha da Sukita. Em uma de suas propagandas na televisão, é construída a seguinte histó-

---

[48] Cf. Philip Kotler, *Administração de marketing: análise, planejamento e controle*, vol. 3 (São Paulo: Atlas, 1986), p. 676.

ria: um senhor, com uma sacola cheia de laranjas, depara com uma linda moça. Loira, de olhos azuis. Ela olha desolada para o homem, que lhe parece um indivíduo deslocado, alheio a seu cotidiano *teen*. Saborear uma laranja é antigo, atrasado, fora de propósito; o ideal é beber o refrigerante. A magia estabelecida pela campanha – a personagem da mulher jovem, ativa, feliz... – provavelmente tem seus custos bem superiores aos de produção – matérias-primas e força de trabalho.

Ademais, além desses custos publicitários acrescidos na cadeia de valores do refrigerante, a questão ética deve ser considerada. Uma primeira possibilidade é a discriminação pela idade que a campanha sugere, disseminando a falsa e desmerecedora idéia da não-sexualidade dos idosos, atribuindo-lhes estereótipos de conservadores, atrasados, deslocados e descartados. Em segundo lugar, e talvez mais grave, é a idéia de que é antiquado e *careta* saborear uma laranja – o que poderia levar crianças e adolescentes a deixarem de consumir a própria fruta, rica em vitamina C, considerada fundamental no desenvolvimento físico e mental dos indivíduos, cuja falta vem acarretando graves problemas de saúde a muitas pessoas.[49]

O segundo fator apontado por Kotler para a formação de preço – o aumento da renda média das pessoas – também permite algumas considerações. Os dados econômicos de hoje não corroboram essa afirmação se analisarmos a distribuição de renda mundial. O que claramente se configura é

---

[49] Um terrível exemplo que demonstra os riscos de uma campanha publicitária inconseqüente é citado por Dowbor: "A trágica campanha da Nestlé apresentava como *antiquada* a mãe que aleitava a criança, enquanto a mais bela, mais branca e mais loura mãe moderna dava à criança os produtos Nestlé. Na época, a campanha provocou um desastre em termos de morbilidade e mortalidade infantil, por deficiência de anticorpos que são naturalmente adquiridos com o leite materno, e a Nestlé se viu obrigada a financiar gigantescas contracampanhas". Ver Ladislau Dowbor, "Economia da comunicação", em Ladislau Dowbor *et al.* (orgs.), *Desafios da comunicação*, cit., p. 52.

uma grande concentração da renda.⁵⁰ Sobre isso, comenta Immanuel Wallerstein:

> [...] tanto em termos materiais quanto físicos (sexismo e racismo), houve um empobrecimento. Quanto ao consumo do excedente, abriu-se um fosso crescente entre os estratos superiores da população na economia mundial capitalista (10% ou 15%) e o restante.⁵¹

Com base nessas considerações, vê-se que o discurso sedutor de Kotler se concentra apenas na busca de resultados financeiros para as organizações. Numa análise macroeconômica, o aumento da renda e o acesso de todos os indivíduos a mais produtos não são verdadeiros e servem apenas para tornar opacos os fatos que realmente sustentam essa situação. Prova disso é uma afirmação do próprio autor, ao definir a formação de preços para organizações que não visam lucro:

> As principais diferenças entre os objetivos de preço das organizações que visam lucro das que não visam lucro são que as organizações que visam lucro procuram encontrar o preço que maximize o lucro, enquanto as sem fins lucrativos procuram determinar o preço "justo".⁵²

Apesar de não dispormos de dados estatísticos sobre o percentual das empresas que não visam lucro em relação às demais, o sistema econômico neoliberal engendrado na maioria dos países, que traz em seu bojo uma estrutura privatizante das organizações, permite tecermos a hipótese de que a maior parte delas visa a lucros, ou seja, nos termos de Kotler,

---

[50] A tabela estatística do Banco Mundial mostra que, no Brasil, 10% das famílias mais ricas detêm 51,3% do produto social e cerca de 40 milhões de pessoas, de uma população de 170 milhões, estão na miséria absoluta. Ver Ladislau Dowbor, *A reprodução social* (Petrópolis: Vozes, 1998), p. 51.
[51] Cf. Immanuel Wallerstein, *Capitalismo histórico e civilização capitalista* (Rio de Janeiro: Contraponto, 2001), p. 89.
[52] Cf. Philip Kotler & Alan R. Andreasen, *Strategic Marketing for Nonprofit Organizations* (5ª ed. Englewoods Cliffs: Prentice-Hall, 1987), p. 186.

pratica preços injustos. O lucro faz parte da prática do capitalismo. Porém, quando consumimos os produtos e serviços, pagando preços injustos, eventualmente contribuímos para o agravamento das já citadas desigualdades de distribuição de renda, porque a prática de cobrar preços injustos tem seus interesses. E talvez o maior deles seja a exploração da mais-valia não apenas da força de trabalho na produção do bem ou do serviço, mas dos consumidores, garantindo a maximização dos lucros.

A estrutura de formação de preço apresentada por Kotler permite algumas reflexões. De um lado, os conceitos sinalizam manipulação e sedução dos indivíduos a desembolsarem o máximo de dinheiro, não importando o custo do produto para o produtor – o status, a virilidade, a felicidade não têm custos de matéria-prima ou força de trabalho, mas apenas das ações de marketing, como propaganda e publicidade.[53] O resultado desse mecanismo de formação de preço é a majoração do custo final dos produtos em percentuais extraordinários (chegando a patamares de mais de cem vezes o custo real do produto, como é o caso, por exemplo, da vitamina C, ou até mesmo mil vezes, no caso da caneta Mont Blanc), impedindo o acesso de grande parte da sociedade ao consumo por falta de recursos financeiros. O que propomos colocar em relevo é que numa sociedade em que milhares de pessoas não atingiram sequer o nível de satisfação de suas necessidades básicas, forjar preços dos produtos com uma parcela significativa ancorada em elementos da esfera cultural produz cada vez mais

---

[53] Baudrillard dá um bom exemplo que ilustra essa discussão: "O deslocamento é uma necessidade e a velocidade, um prazer. A posse de um automóvel é mais ainda: espécie de diploma de cidadania, a carta de motorista é a credencial dessa nobreza mobiliária, cujos costados são a compreensão e a velocidade máxima. A apreensão dessa carta não constitui hoje uma espécie da excomunhão, de castração social?". Ver Jean Baudrillard, *O sistema dos objetos* (3ª ed. São Paulo: Perspectiva, 1997), p. 74.

distanciamento entre essas pessoas e qualquer possibilidade de serem atendidas em suas necessidades básicas de sobrevivência. Por outro lado, de acordo com os economistas liberais e neoliberais (a estes também se juntam os especialistas de marketing), numa economia capitalista apoiada na economia de mercado (concorrência perfeita), os indivíduos têm o livre-arbítrio para escolher os produtos com melhores preços, num grande leque de empresas, em detrimento da competitividade engendrada pela concorrência de mercado.

Os conceitos teóricos que explicam princípios básicos da concorrência perfeita e a forma pela qual esses fundamentos se manifestam na prática econômica contemporânea concorrem para a compreensão dos caminhos em que se sustenta a prática do sistema capitalista. Paul Singer mostra simples e eficientemente as bases que regem essa categoria econômica, citando duas maneiras de se forjarem preços:

> 1. Os preços dos produtos padronizados equivalem ao custo de produção mais a margem de lucro do produtor. Trata-se, de modo geral, de matérias-primas ou produtos padronizados – como aço, vidro e alimentos. Como esses produtos não trazem uma diferenciação, ou seja, a maçã de um produtor é similar à do outro, não existe, nesse caso, o custo de comercialização e publicidade, tal como nos produtos não-padronizados.
>
> 2. O preço dos produtos não-padronizados equivale ao custo de produção, custo de marketing, mais o lucro do produtor. As organizações criam diferenças que são, portanto, artificiais como a cor, por exemplo, para colocar a marca no lugar do produto. É o caso do Toddy e da Gilette, cujas marcas tomaram o lugar do nome do produto, utilizando-se do marketing por meio da publicidade e da promoção. Com esse recurso, chegam a ter um custo bastante superior ao dos similares padronizados.[54]

---

[54] Cf. Paul Singer, *Aprender economia* (7ª ed. São Paulo: Brasiliense, 1986), pp. 13, 17 e 19.

O gráfico 1 mostra o modelo da livre concorrência idealizado pela ciência econômica. Para Singer, a curva de demanda e oferta sem a intervenção do Estado só é possível no caso dos produtos padronizados, já que, sobre esses, o consumidor tem a possibilidade de definir a aquisição pela concorrência plena. Por outro lado, no caso dos produtos não-padronizados, o autor alerta para o oligopólio de uma concorrência que acontece apenas entre poucas e grandes organizações, as quais se valem de técnicas publicitárias para isolar do mercado genérico determinada área em que sejam os únicos fornecedores.

Gráfico 1 – Concorrência perfeita

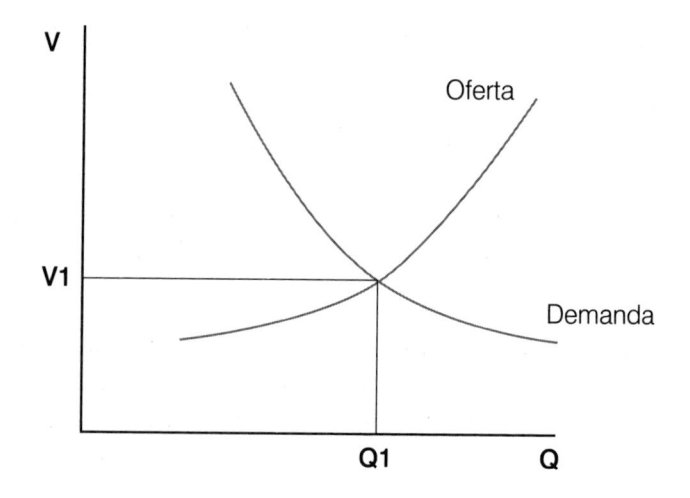

Fonte: Paul Singer, *Aprender economia* (7ª ed. São Paulo: Brasiliense, 1986), p. 30.

Por esse breve relato sobre concorrência perfeita, nota-se que as estratégias contemporâneas de marketing estão alinhadas para o que Singer denomina produtos não-padronizados. O produto, em termos de valores funcionais, pode até ser similar, mas o diferencial deve persistir, nesse caso, por meio de apropriação de signos culturais.

Quanto ao sistema de oligopólio (contrário à concorrência perfeita), citado por Singer no caso dos produtos não-padronizados, tal afirmação confronta-se diretamente com as de especialistas de marketing[55] que afirmam que a diversidade dos produtos da economia contemporânea fomenta a concorrência em vez de construir oligopólios de mercado. O discurso dicotômico (concorrência perfeita *versus* oligopólio) aqui enunciado exige dados que o iluminem. Com base naqueles autores que falam da tendência da oligopolização dos mercados, pode-se afirmar que a concorrência perfeita é mais um dos elementos que constitui o discurso da aparente competitividade entre as organizações, isto é, não resta dúvida de que os esforços dos economistas em estruturar fundamentos econômicos que promovam uma concorrência entre as empresas, criando diversidade de produtos e preços, contribuem para a ilusão de uma economia pautada em eficiência na produção. Ao contrário, os dados mostram haver muito mais um sistema de acordos entre grandes conglomerados que se articulam para atender às demandas do mercado, desde que atenda antes a seus próprios interesses.

Ora, o que se verifica, em lugar de um mecanismo de formação de preços, são estruturas econômicas de poder, por meio de formação de oligopólios (com duzentas corporações

---

[55] Kotler mantém o discurso hegemônico dos especialistas de marketing sobre a questão de concorrência do mercado: "Além de tecnologias e globalização, outras forças estão reconfigurando a economia. A desregulamentação tem lugar em muitas economias. Empresas protegidas, normalmente monopólios, de repente se vêem diante de novos concorrentes. Nos Estados Unidos, as empresas de telefonia de longa distância como a AT&T podem agora atuar em mercados locais, e empresas regionais de telefonia da Bell, por seu lado, têm o direito equivalente de entrar em mercados de longa distância". Ver Philip Kotler, *Marketing para o século XXI*, cit., p. 16.

Por outro lado, há anos, o mesmo autor não preconizou uma concorrência entre as empresas: "As guerras e conflitos de preços, e mesmo a concorrência de preço normal, devem ser evitadas, devido aos baixos retornos e altos riscos". Ver: Philip Kotler, *Administração de marketing: análise, planejamento e controle*, vol. 2, cit., p. 677.

concentrando, em 1995, 28% do Produto Interno Bruto (PIB) mundial) e de doação de atributos simbólicos aos produtos, que não representam mais a matéria-prima ou o valor de uso da mercadoria.[56] São esses atributos simbólicos e a aparente competitividade num sistema de mercado oligopolista que nos permitem afirmar que a formação de preços dos produtos é perpassada pelo fetichismo, se aplicarmos os conceitos propostos pelo marketing. Mais uma vez, recorreremos às técnicas comunicacionais (construção do discurso pelas formas e imagens) para explicar a prática que as empresas utilizam na formação de preços. Assim, o valor agregado aos produtos tem como elemento determinante a construção de um discurso tecnificado que incide nas experiências de consumo.

Praça: delimitando o acesso aos mundos

No composto de marketing da figura 1 (p. 49), a praça, que teve sua origem nos primórdios do marketing (início do século XIX) com a finalidade precípua de criar uma logística operacional de escoamento da mercadoria para um mundo econômico com relações comerciais em âmbito internacional, ganha agora novas atribuições. Kotler aponta caminhos diversos para que o acesso ao consumo produza lucros para as empresas. Os temas são "intermediação", "vendas diretas", "vendas on-line" e "vendas como centro comunitário".[57]

O tema da intermediação, explorado pelo enunciador como um caso de êxito, carrega o sentido do estruturado, do impessoal, do presente, etc., enquanto o tema das vendas diretas estabelece o sentido do humano, do direto, do passa-

---

[56] Korten ilustra de maneira contundente a concentração de poder das corporações. Ver David C. Korten, *O mundo pós-corporativo: vida após o capitalismo* (Petrópolis: Vozes, 2002), p. 57.
[57] Cf. Philip Kotler, *Marketing para o século XXI*, cit., p. 140.

do, entre outros; já o tema vendas on-line se configura pelo virtual, pelo abstrato, pelo impessoal, pelo futuro; por fim, Kotler utiliza a temática do centro comunitário. O enunciador fala do contrato que a livraria Barnes & Noble realiza com seus compradores. O manipulador – nesse caso, a livraria – responde a problemas dos indivíduos como falta de tempo, de diversão, de estacionamentos, serviço ruim e preços altos, oferecendo-lhes um centro comunitário com divertimento, *shows*, café, confeitaria, etc.

Além de indicar um canal de escoamento da mercadoria por parte dos produtores, ao versar sobre a teoria de praça ou distribuição, Kotler constrói uma narrativa elucidativa a respeito da fabricação sob medida de um mundo para determinado tipo de consumidor. O canal de venda parece perder sua função principal de origem – viabilizar o acesso dos indivíduos às mercadorias –, transformando-se em lugar de consumo nos seus aspectos simbólicos. Ou seja, acessar o mundo da livraria Barnes & Noble e pertencer a ele representa, mais do que adquirir um livro ou um disco, o acolhimento no mundo da diversão, da segurança, da cultura e do entretenimento, e um dos 4 Ps tem sua função de origem deslocada, adquirindo novos significados. Os conceitos da figura 1, apresentados por Kotler como mecanismo de estruturação do sistema de distribuição que traz no bojo todo um discurso funcional na formação de canais de escoamento de mercadoria (produtor, atacadista, revendedor, representantes, vendedores externos e internos, etc.), se enfraquecem da mesma maneira que os conceitos de desenvolvimento dos produtos e de formação de preços. Instaura-se a técnica da delimitação dos mundos. O que queremos dizer com isso é que, conforme frisamos antes, a prática atual do mercado é um sistema de construção de espaços, tempo e lugar no imaginário dos indivíduos que transcende a lógica racional da disponibilização das mercadorias em termos práticos – a persuasão dos indivíduos pelas organizações opera principalmente pela máquina produtora de significados, como espaço feliz, harmônico, de encontro para enriquecimento cultural, acelerado para um mundo urbano, entre outros. Com essa ingerência no imaginário das pessoas por meio desses múltiplos significados, forjam-se experiências preestabelecidas pelos produtores, de acordo com valores culturais de consumo dos indivíduos.

McKenna também nos fornece outro exemplo que confirma esse modelo de estratégia de marketing quando trata do papel dos canais de distribuição.

> Os canais distribuidores e vendedores também desempenham um papel na definição do produto. Imagine duas novas marcas de vinho. As duas são fabricadas com as mesmas uvas, armazenadas na mesma adega, engarrafadas no mesmo tipo de garrafa. Idênticas em todos os aspectos. Poderia parecer impossível diferenciar uma da outra. Agora imagine que uma delas é vendida em supermercados. A outra é vendida em *délicatesses* e servida em restaurantes finos. As duas deixaram de ser idênticas. A marca do supermercado é considerada um vinho medíocre. A outra, um vinho de qualidade superior.[58]

Na prática, o que se desenha no setor de distribuição é semelhante ao que ocorre com os fundamentos da formação de preço. O acesso dos consumidores aos produtos está ancorado numa estrutura de oligopólio ofuscada pelas mesmas fantasias e simulacros construídos na formação de preço, isto é, por meio da construção de espaços reais ou virtuais pelas empresas fornecedoras de produtos que invadem nosso imaginário, estimulando nossos desejos permeados por valores, crenças e mitos, escamoteando a lógica de oligopólio que estrutura o mercado, simulando um jogo de competição entre

---

[58] Cf. Regis McKenna, *Marketing de relacionamento*, cit., p. 60.

as organizações e, em conseqüência, dando falsa idéia de livre escolha.

O setor alimentício é paradigmático da oligopolização dos canais de distribuição. No Brasil, conforme pesquisa divulgada pela revista *SuperHiper*, 40,8% da estrutura de distribuição do setor (atacadistas e varejistas) estão sob o domínio de cinco organizações: Pão de Açúcar, Carrefour, Bompreço, Sonae e Casa Sendas.[59] Em escala internacional, as vendas do Wal-Mart, por exemplo, ultrapassaram em 1995 as economias internas de 161 países do mundo – inclusive Israel, Polônia e Grécia.[60] Essa estrutura de oligopólio pode ter duas grandes conseqüências sobre o fornecimento de mercadorias para a sociedade. A primeira atinge, de modo geral, os pequenos produtores e comerciantes e, decerto, os consumidores. Diante do poder de sedução e intimidação dos megavarejistas, o dos pequenos fornecedores praticamente inexiste. Sua sanção é o não-lucro ou o prejuízo. Muitas vezes, estes se vêem forçados a disponibilizar seus produtos a preços abaixo do custo, sob pena de não conseguirem comunicar sua existência aos consumidores. Resta-lhes, assim, como forma de conseguir uma rentabilidade mínima para a sustentabilidade do seu negócio, o acesso aos pequenos varejistas, que, por sua vez, são freqüentemente engolidos pelos megavarejistas. De outro lado, os grandes fornecedores, pelo seu poder de sedução e intimidação, conseguem equilíbrio na briga com os megavarejistas, logrando prêmios para os dois lados.

Kotler[61] apresenta um bom exemplo dessa disputa entre os grandes fornecedores e os megavarejistas. Ameaçadas pela estratégia de venda direta da Dell Computer, a IBM e a

---

[59] Cf. *SuperHiper*, São Paulo, maio de 2001, pp. 36-37.
[60] Sarah Anderson & John Cavanagh, *The Top 200: The Rise of Global Power*, relatório apresentado pelo Institute for Policy Studies, Washington D.C., 25-9-1996.
[61] Cf. Philip Kotler, *Marketing para o século XXI*, cit., p. 134.

Compaq decidiram criar uma estratégia conhecida como distribuição dual – venda direta e indireta ao consumidor. Os megavarejistas, por sua vez, intimidados pela punição de lucros menores, convenceram os fabricantes a venderem pelo canal direto apenas computadores diferentes dos disponíveis no varejo ou, pelo menos, ao mesmo preço. Esse exemplo demonstra inequivocamente o prêmio e a punição para o consumidor nessa estrutura de varejo. Como prêmio, os indivíduos podem ir aos megavarejistas – grandes espaços, luxuosos, modernos – com a ilusão de que terão acesso a grande variedade de produtos aos melhores preços. Como punição, muitas vezes deixam de pagar preços justos em virtude de acordos entre grandes fornecedores e megavarejistas, tendo acesso apenas aos produtos que a estes interessam.

Resumindo, as parcerias, as alianças e a estrutura comunicacional utilizada pelas grandes corporações impermeabilizam todos os espaços de convivência dos centros urbanos, enfraquecendo e aniquilando qualquer possibilidade de sobrevivência de um pequeno comerciante que se proponha a atender a uma simples necessidade de um alimento básico. Soma-se aos problemas sociais que daí se depreendem uma insustentabilidade na utilização dos recursos naturais do planeta, com um sistema econômico ancorado apenas na estrutura global. O cotidiano das pessoas – espaço em que se produz e distribui grande parte dos alimentos, do vestuário, do lazer, da educação, enfim, das demandas individuais e coletivas – fica em segundo plano, refletindo descomprometimento do setor econômico com a vida das comunidades. Não se deve mesmo esperar o compromisso de megaempresários com a vida local de comunidades às quais, afinal de contas, eles não pertencem. A proposta é que se delimitem espaços para os setores produtivos de grande envergadura atenderem às demandas que exigem estruturas complexas, como as das indústrias automobilística, eletrônica e eletrodoméstica, e que se potencializem os pequenos negócios, os quais oxigenam a economia local, organizando a produção e o social de maneira sustentável.

Promoção: o discurso do comunicador[62]

Kotler designa a promoção como a responsável pelo contrato de comunicação entre o manipulador (a empresa) e o enunciatário (o público-alvo). A promoção é representada pelas figuras: propaganda, relações públicas, força de vendas e marketing direto. A propaganda representa o poder para as empresas: "A propaganda é a ferramenta mais poderosa para promover a conscientização das pessoas sobre uma empresa, um produto, um serviço ou uma idéia".[63]

O autor relata a dificuldade das empresas em mensurarem o retorno dos gastos em propaganda: "John Wanamaker afirmou: 'Eu sei que metade do meu orçamento de propaganda é desperdiçado. Só não sei qual metade'".[64]

Kotler propõe a salvação para aqueles que têm dúvidas quanto ao retorno dos gastos em propaganda: o investimento em outras atividades, como as relações públicas, a promoção de vendas ou o marketing direto, como meio de persuadir os consumidores.

O discurso do autor, apesar de coerente, exige algumas ressalvas. De acordo com o cenário apresentado anteriormente, observamos que a estrutura do mix de marketing está cada

---

[62] Parte desse subcapítulo foi publicada como artigo: "Resgatando a importância da informação publicitária", em *Meio&Mensagem*, São Paulo, 9-5-2005, p. 49. Este foi elaborado em conjunto com Ladislau Dowbor e aqui reproduzido com sua autorização.
[63] Cf. Philip Kotler, *Marketing para o século XXI*, cit., pp. 136-137.
[64] *Ibid.*, p. 139.

vez mais apoiada no que denominamos tecnologização do discurso – ou *aspectos psicológicos*, em Kotler, *fatores intangíveis*, em McKenna, *identidade de marca*, em Semprini, e *comoditização das relações humanas*, em Rifkin. Assim, esvaziam-se as possibilidades de os investimentos em propaganda retornarem em curto prazo: a propaganda é cada vez mais uma figura que possibilita construir tecnicamente o discurso dos aspectos psicológicos, da marca ou da comoditização das relações humanas, permitindo que os enunciatários – nesse caso, os consumidores – se reconheçam como indivíduos no mundo proposto pela propaganda.[65] Esse processo de criação de mundos é longo e constante, não obedecendo mais à lógica do retorno de investimento em curto prazo. Para garantir a competência de seu discurso, Kotler dá o exemplo da empresa que segue suas verdades. Diferentemente das empresas que ainda não percorreram a trajetória de sucesso, eis o relato da competência:

> [...] a Procter & Gamble tomou a iniciativa de reduzir seus gastos em promoção de vendas e, para compensar, lançou mão de

---

[65] "É claro que no processo do desaparecimento gradual do espaço físico do mercado, e da identificação gradual da mercadoria com sua imagem (ou marca, ou logotipo), dá-se uma outra simbiose, mais íntima, entre o mercado e a mídia. Nessa simbiose, as fronteiras ficam submersas e (de formas profundamente características do pós-moderno) a indiferenciação de níveis gradualmente toma o lugar da separação anterior entre coisa e seu conceito (ou, na verdade, economia e cultura, base e superestrutura). Para começar, os produtos à venda no mercado transformam-se no próprio conteúdo das imagens da mídia, de tal forma que, em certo sentido, o mesmo referente parece se manter nos dois domínios. Isso é algo bem diferente de uma situação mais primitiva na qual a uma série de signos de informação (notícias, folhetins, artigos) era adicionado um outro elemento, que tentava aliciar consumidores para um produto comercial que não tinha nada a ver com esses signos. Hoje os produtos estão, digamos, difusos no tempo e no espaço dos segmentos de *entertainment* (ou mesmo nos do noticiário), como parte do conteúdo, de tal forma que em alguns casos bem conhecidos (mais explicitamente em seriados como *Dinastia*) às vezes não fica claro quando o segmento narrativo termina e começam os comerciais (uma vez que os mesmos atores também trabalham no segmento comercial)." Ver Fredric Jameson, *Pós-modernismo: a lógica cultural do capitalismo tardio* (2ª ed. São Paulo: Ática, 2000), p. 282.

uma estratégia de preços baixos todo dia; [...] a Procter & Gamble achava que a promoção de vendas estava não só diluindo o valor da marca, mas também causando grandes e onerosas oscilações.⁶⁶

Nota-se que a proposta de promoção de vendas por meio de descontos também sofre transformações. O desconto praticado no preço de uma mercadoria em virtude da produção em escala ou ao barateamento da matéria dos insumos de fabricação desloca-se para a promoção de vendas da marca. Assim, não são mais os custos do produto que determinam a promoção de vendas, mas o esforço que a empresa deve fazer para persuadir seu consumidor a participar desse mundo construído pelo discurso da marca. Kotler rompe com as figuras da propaganda e da promoção de vendas, propondo um novo caminho de sucesso. Seu discurso parece dirigir-se, a partir de agora, às relações públicas de marketing. Para demonstrar sua desilusão com os adeptos da propaganda e da promoção de vendas, afirma:

> À medida que a propaganda perde parte de seu poder de construção de marca e que as promoções de vendas assumem um porte muito maior que o desejável, as empresas podem vir a reconhecer um maior potencial na RPM (relações públicas de marketing).⁶⁷

As relações públicas de marketing são alçadas à condição de salvação; parecem ocupar o lugar do P da promoção, desdobrando-o em publicações, eventos, notícias, causas comunitárias, *lobbies*, identidade visual e social. Cada uma dessas figuras se liga a temas como competições esportivas, matérias favoráveis sobre a empresa, doação de tempo e dinheiro a obras de caridade, enfim, as relações públicas de mar-

---

⁶⁶ Cf. Philip Kotler, *Marketing para o século XXI*, cit., p. 141.
⁶⁷ *Ibid.*, p. 142.

keting constroem novas histórias de sucesso. O caso da IBM na figurativização da identidade visual é a primeira demonstração da competência do discurso: "Thomas Watson institui, na IBM, que todos os vendedores devem usar terno escuro, camisa branca e uma gravata atraente. Eles têm que ter uma aparência 'profissional'".[68]

O discurso do enunciador em direção a essa nova técnica de transformação das ações de marketing é notável, a ponto de registrar uma das raras menções de Kotler ao discurso de outro autor para legitimar suas verdades: "Regis McKenna aconselha seus clientes da área de alta tecnologia a se dedicarem muito à atividade de relações públicas antes do lançamento de um novo produto".[69]

Ao abordar a atividade de força de vendas, Kotler constrói a figura do indivíduo que estabelece uma relação afetiva com as empresas. Agora, a temática para os melhores resultados é a de gerenciamento das atividades da força de venda. A personalidade, o dom, o perfil já não são mais os elementos determinantes para o sucesso da força de venda: incluem-se o laptop, a impressora, a copiadora, o aparelho de fax, o telefone celular, o e-mail, etc. Ou seja, os atores que representavam o papel dos vendedores precisam desses recursos práticos e simbólicos para executar melhor sua rotina de trabalho, forjando um mundo no imaginário dos consumidores. A lógica do uso da máquina produtora de significados permeia novamente o processo do marketing contemporâneo. O vendedor, mais do que exercer a função de tirar pedidos de venda, representa o elemento que dá sentido à construção da marca. Exemplo desse processo é o último caso de sucesso da IBM relatado por

---

[68] *Ibid.*, pp. 142-143.
[69] *Ibid.*, p. 143.

Kotler, que aponta a importância da identidade visual dos funcionários na construção do mundo da empresa.

Nota-se que o discurso do autor ao apresentar a trajetória das estratégias de promoção traz demandas excludentes e, em alguns momentos, confusas. Parte da dificuldade do autor em tornar claras as ações ideais da promoção consiste em que a prática de comunicação contemporânea se situa muito mais no repertório de valores (presentes na esfera cultural) do que numa matriz de comunicação que ilustre os benefícios dos produtos.

Portanto, vale destacar que os objetivos da promoção dos bens e serviços deveriam ser nobres, pois se trata de importante conjunto de ferramentas para comunicar aos indivíduos a utilidade, as competências técnicas e as formas de uso dos produtos e serviços, além das condições de comercialização. O avanço tecnológico dos meios de comunicação pode colaborar cada vez mais para que a propaganda e a publicidade cheguem aos indivíduos, facilitando o processo de escolha deste ou daquele produto/serviço. No Brasil, por exemplo, mais de 90% das residências possuem televisão, e o brasileiro passa, em média, cinco horas diárias diante dela. A internet ainda é produto de elite, mas já atinge aproximadamente 17% da população. Enfim, com o sistema de comunicação em rede e de alcance planetário, as possibilidades de munir as pessoas com informação se tornaram imensas.

Porém, o rumo tomado pela publicidade e propaganda distorce seus objetivos iniciais e, em vez de comunicar os atributos dos bens e serviços, formula seu discurso de sedução na construção de estilos de vida acessíveis a apenas pequena parcela da sociedade.

Hoje a publicidade invade não só os espaços públicos com mensagens não solicitadas como inunda os nossos e-mails e telefones particulares com pouquíssima informação sobre o valor e a utilidade real dos produtos ou serviços, os impactos ambientais ou desperdícios envolvidos, por intermédio de empresas terceirizadas que, inclusive, pouco sabem sobre o produto. Tornamo-nos literalmente o "público-alvo". Com uma população desinformada, não há possibilidade de uma avaliação crítica dos produtos e serviços oferecidos, dos preços praticados, do desperdício crescente. Sem saber como o produto ou serviço foi projetado, produzido, como deve ser usado e eventualmente descartado, não há consumo responsável.

Os indicadores sociais confirmam o abismo entre o que é produzido e as necessidades básicas da sociedade. Dados revelam que para permitir o acesso universal de serviços sociais básicos para todos os países em desenvolvimento seriam necessários: 6 bilhões de dólares em educação básica, 9 bilhões de dólares no tratamento de água, 12 bilhões de dólares na saúde da mulher, 13 bilhões de dólares em saúde básica e nutrição. No lugar de investirmos nessas áreas, em 1997 foram gastos: 8 bilhões de dólares em cosméticos só nos Estados Unidos, 11 bilhões de dólares em sorvete na Europa, 12 bilhões de dólares em perfumes na Europa e nos Estados Unidos, 17 bilhões de dólares em comidas para animais domésticos apenas nos Estados Unidos, 35 bilhões de dólares em entretenimento para executivos no Japão, 50 bilhões de dólares em cigarros e 105 bilhões de dólares em bebidas alcoólicas na Europa, 400 bilhões de dólares no narcotráfico mundial e 780 bilhões de dólares em armamento militar em todo o globo.[70]

Não se trata de atribuirmos esse apartheid social à dinâmica do consumo fomentada pelos mecanismos de publicidade e propaganda, mas sim de destacar que o papel que

---

[70] Programa das Nações Unidas para o Desenvolvimento, "The World's Priorities? (Annual Expenditure)", *Human Development Report 1998*, cit., p. 37.

estas exercem no estímulo ao consumo é significativo. O livro de Juliet Schor, *Born to Buy* (Nascidos para fazer compras), traz dados estarrecedores sobre a manipulação de crianças. O excelente documentário *The Corporation*[71] mostra a diretora de uma das maiores agências de publicidade do mundo afirmando tranqüilamente que é preciso capturar as crianças para ter os adultos amanhã. A situação se torna opressiva, com grandes avenidas, onde em vez de casas e árvores vemos apenas um corredor de outdoors.

É difícil escapar. O controle mundial está se tornando cerrado. A conservadora revista *The Economist* analisa a concentração no mercado da publicidade, onde "a maior parte da indústria se concentrou em quatro grandes grupos holding: a Omnicom e a Interpublic americana, a WPP de base britânica e a Publicis. Depois de engolir centenas de empresas menores de publicidade, a Omnicom tem cerca de 1.500 subsidiárias".[72] O peso norte-americano é esmagador: "As empresas americanas respondem pela metade do trilhão de dólares que se gastam globalmente em marketing".[73] São empresas gigantescas que não se preocupam muito com a opinião da população de países distantes.

O efeito é duplo. Por um lado, com a inundação publicitária, cresce a ineficiência, e a revista constata essa "horrível verdade, que do 1 trilhão de gastos em anúncios e marketing, em alguns casos, pode ser muito mais da metade do orçamento do cliente que vai pelo ralo".[74] Mais importante, com o subtítulo "Bombardeados", o *The Economist* comenta que "as pessoas estão cansando de anúncios sob todas as suas formas".[75]

---

[71] Filme norte-americano realizado por Mark Achbar & Jennifer Abbot em 2003, lançado no Brasil em 2006.
[72] Cf. *The Economist*, Londres, 19-3-2005.
[73] Cf. *BusinessWeek*, Columbus, 15-5-2000, p. 24.
[74] *Ibidem*.
[75] Cf. *The Economist*, cit.

Um recente estudo da Yankelovich Partners, uma consultora americana de serviços de marketing, diz que a resistência dos consumidores à crescente intrusão do marketing e dos anúncios atingiu um ponto extremo. O estudo constatou que 65% das pessoas agora se sentem constantemente bombardeadas por mensagens publicitárias, e que 59% acham que os anúncios têm muito pouca relevância para elas. Quase 70% disseram que estariam interessadas em produtos ou serviços que as ajudassem a evitar a agressão publicitária.[76]

Na ausência de qualquer capacidade efetiva de auto-regulação, estaremos claramente evoluindo para uma lei de assédio comercial.

O *bottom line* do assunto é que com tantos gastos financeiros – que saem dos nossos bolsos, pois a conta publicitária é incluída nos preços – com poluição visual e sonora, consumo do tempo dos indivíduos, interrupção de programas, etc., continuamos profundamente desinformados sobre os produtos. A realidade não precisa ser assim. O marketing poderia ser menos orientado por espertaza e mais por inteligência: informar de maneira inteligente o cliente, em vez de inventar habilidades psicológicas e novas formas de manipulação, terá sem dúvida mais futuro, ainda que exija profunda mudança cultural da área.

A concentração das empresas de marketing e o desgarramento da realidade estão diretamente ligados às grandes corporações que comandam as contas publicitárias. Quando vemos as gigantescas somas gastas pelas corporações de telefonia, sabendo que cada outdoor é pago na conta que recebemos em casa, tendemos a ficar irritados. A conta publicitária do banco HSBC é de 600 milhões de dólares: os salários de

---

[76] Cf. "The future of advertising", em *Business Week*, Columbus, 26-6-2004, p. 71.

cerca de seiscentas pessoas que gerem essa conta estão em nossas tarifas e juros bancários.[77]

A bobagem das "imagens" em geral importadas, tentando gerar aspirações artificiais de identidade emprestadas, tende a se esgotar. O apelo sexual das propagandas de cerveja, os caubóis durões da Marlboro, os carros que na publicidade deslizam em poéticas estradas campestres, quando, na realidade, acabamos parados na marginal do Tietê olhando para outro tipo de paisagem, tudo isso cansa. A mercadoria fica em segundo plano, o valor da marca é referendado pelo poder de interferência pesada no comportamento de consumo dos indivíduos. A mercadoria é a felicidade, o sucesso, o amor, a superioridade que ganha vida com toda a encenação que os meios tecnológicos permitem. E que nossa vida não é isso, todos sabemos.

Trata-se, então, de redirecionarmos o papel da propaganda e da publicidade para prestarem serviços à sociedade, ou seja, como instrumentos que materializam nosso direito à informação, no caso informando sobre atributos e condições de comercialização dos bens e serviços, em vez de manipulação de valores, crenças e mitos. As tecnologias e a criatividade dos especialistas do setor podem e devem contribuir na construção das peças de campanhas, mas o que não se deve perder como foco é que o principal objetivo da publicidade e da propaganda é informar o cidadão sobre os benefícios dos produtos.

Na realidade, a publicidade precisa de uma atividade equilibradora, de um contrapeso. Hoje, só ouvimos o lado do produtor falando maravilhas do seu produto. Nada melhor que uma pequena taxa, de 3%, por exemplo, sobre a conta publicitária das empresas, que serviria para financiar organi-

---

[77] Cf. "Consumer Republic", em *The Economist*, Londres, 19-3-2005, p. 69.

zações da sociedade civil especializadas em pesquisar a utilidade real dos produtos e em informar o cidadão. As empresas ainda ficariam com 97% do poder de fogo, o que, francamente, não deveria representar um desequilíbrio dramático. Contudo, elas se veriam forçadas a checar melhor a validade do que anunciam, e passaria a ser respeitada uma lei básica da informação: ter uma segunda opinião, e, nesse caso, ouvir o outro lado: o consumidor.

Retomando a análise do discurso de Kotler sobre o mix de marketing, conclui-se que há uma série de complicações. Vejamos: ele preconiza como função principal atingir os objetivos organizacionais por meio da satisfação das necessidades e dos desejos da sociedade. Mas não é isso que mostram os fatos no panorama socioeconômico global. Como dissemos, ocorrem:

1. o oligopólio dos setores em vez de uma concorrência perfeita;
2. as alianças entre os grandes conglomerados, estabelecendo o comércio das mercadorias e serviços entre matrizes e filiais das mesmas empresas, no lugar da competitividade entre as organizações;
3. o empobrecimento da maior parcela da sociedade, retirando em grande medida a possibilidade do consumo, em vez de aumento de renda a todos;
4. a comunicação por meio de atributos simbólicos das mercadorias em vez da comunicação dos seus benefícios funcionais;
5. a prática de preços deslocada dos custos dos insumos mais força-trabalho no processo de produção, em vez de preços que remunerem de forma coerente os produtores e garantam preço justo aos consumidores – apontam antes para um acordo entre os grandes pro-

dutores de mercadorias do que para um mecanismo auto-regulável de circulação de mercadorias.

Essa definição dos objetivos do marketing é, pois, um discurso construído pela idéia da livre escolha das mercadorias, que, com os símbolos, pode representar a igualdade, liberdade, juventude, enfim, uma gama de fantasias imagéticas dos indivíduos. Em outras palavras, a mercadoria passa a ser apresentada com base nas estratégias de significação. O mecanismo de controle, que parece ser livre, tem seus donos (os proprietários dos meios de comunicação). Desse modo, o conceito de incluídos e excluídos do mercado não desaparece, apenas se transmuda em relevantes e irrelevantes, que têm seu status alternado a critério dos interesses do "mercado". Diferentemente dos incluídos e excluídos, os relevantes e irrelevantes flutuam num processo de seleção ancorado num aparato tecnológico comunicacional. Segundo o interesse de determinado segmento produtivo, certa comunidade passa a receber "informação" selecionada que forja a percepção de pertencimento e identidade. O processo de seleção da informação é que define o status de relevância. Este, por sua vez, é o cerne do marketing que descrevemos. Até aqui, vimos que a mercadoria como valor de uso está intimamente conectada ao valor de signo, ou seja, este passa a ser o elemento que permite persuadir e seduzir os indivíduos a consumirem as mercadorias. E o lugar em que isso se estabelece, como mostramos, é o campo da comunicação.

Os fundamentos do marketing foram forjados no início do século XX para uma sociedade apoiada na economia da produção, período em que o processo de persuasão dos indivíduos para o consumo se estabelecia principalmente por razões econômicas. Hoje, porém, há um deslocamento da economia para a esfera cultural, ou seja, os elementos que determinam o processo de consumo já não são mais os mesmos. Assim, as teorias de Rifkin, Semprini, Floch e Fairclough, apesar de não darem conta dos conflitos socioeconômicos engendrados pelo consumerismo, são suficientemente elucidativas da prática do marketing contemporâneo. As comunicações pelos diversos meios – rádio, televisão, jornal, revista, internet, etc. – ganham posição central na discussão do marketing. Este, para guiar o consumerismo, se vale da tecnologização do discurso, isto é, mais que comunicar um produto por intermédio de signos, constrói mundos aos indivíduos – como o "mundo Benetton", por exemplo, do anti-racismo, da igualdade e da tolerância, ou o "mundo Levi's", que preconiza inconformismo e liberdade.

A análise realizada na parte I permitiu ver que o marketing, no decurso de seu desenvolvimento, submetido à interferência de diversas áreas do conhecimento (sociologia, antropologia, psicologia, matemática e comunicação, entre tantas outras), constituiu-se até aproximadamente a década de 1980 como instrumento regulador do sistema de consumo nos mercados globais. Entretanto, com o avanço do aparato tecnológico no sistema de produção e de distribuição das mercadorias, estimulado principalmente no período pós-Revolução Industrial, o capitalismo, ancorado na produção e na comercialização das mercadorias, caminhou, desde o final do século XX, para sua saturação.[78]

A transformação que colocamos em relevo refere-se principalmente ao esgotamento do marketing estruturado na produtividade e na distribuição de mercadorias, potencializan-

---

[78] "Para as nações ricas e, em particular, para os 20% mais abastados da população mundial que continuam a colher os frutos oferecidos pelo modo capitalista de vida, o consumo de bens está quase alcançando o ponto de saturação. Restam poucos valores psíquicos que se podem auferir de ter dois ou três automóveis, meia dúzia de televisores e aparelhos de todo tipo para suprir todas as necessidades e desejos possíveis." Ver Jeremy Rifkin, *A era do acesso*, cit., p. 117.

do o uso das suas técnicas na esfera cultural, sobreposta ao capitalismo tradicional da acumulação de bens. Nesse novo ambiente, no lugar do possuir objetos instaura-se a prática de adentrar pelos mundos imaginários do consumo, vivenciando práticas e objetos. O foco das ações de marketing incide muito mais na direção do comércio das vivências do que no acúmulo de bens. E o desafio das técnicas de marketing passa a ser o de garantir-se como motor que impulsiona o consumo, criando modelos de experiência para seduzir os indivíduos. A cultura em que se apóiam as ações do marketing é a do efêmero, ou seja, a cada momento é preciso forjar uma nova experiência a ser comodificada e lançada ao mercado.

Novas formas de gestão e produção em massa, como o toyotismo, por exemplo, transferem-se também para a cultura. Agora, mais que um produto, customiza-se também a experiência vivenciada[79] como forma de sedução para o consumo. Dessa maneira, a informação, tal como a mercadoria, tem seu ciclo de vida reduzido. Descartável, porque perde rapidamente seu valor social, a informação segue a trajetória da mercadoria quando é comercializada como tal. As mercado-

---

[79] Rifkin ancora sua análise na atual configuração do capitalismo. Ao legitimar seu discurso sobre a transição do capitalismo tradicional para o capitalismo cultural pela apropriação de significadores da vida cultural e artística, considera: "Norman Denzin, professor de sociologia da Universidade de Illinois, ecoando os sentimentos do pós-modernista francês Guy Debord, é mais crítico na descrição da mudança monumental nos relacionamentos humanos trazidos pelas forças do capitalismo cultural. Ele escreve: 'A experiência vivida é o último estágio de reificação do *commodity*. Em outras palavras, a experiência vivida [...] tornou-se a *commodity* final na circulação de capital'. Na era do acesso, compra-se acesso à experiência vivida, ela própria. Os analistas e consultores econômicos falam das novas indústrias da experiência e da economia de experiência, expressões que não existiam alguns anos atrás. A indústria da experiência, que inclui toda a gama de atividades culturais, de viagens e de entretenimento, está dominando a nova economia global. O futurólogo James Ogilvey observa que 'o crescimento da indústria de experiência representa uma saciação com a matéria que a Revolução Industrial produziu'. Ogilvey diz que os 'consumidores de hoje não se perguntam com freqüência: O que eu quero ter que já não tenho?; em vez disso, perguntam: O que eu quero vivenciar que ainda não vivenciei?'." *Ibidem*.

rias têm seus sentidos expressos pelas marcas (por exemplo: cigarro, pela marca Marlboro; refrigerantes, pela marca Coca-Cola; roupas, pela marca Benetton, etc.), que dão sentidos às situações vivenciadas (a potência e a virilidade da Honda, o estilo de vida com o bom senso de Free, etc.).

Assim, os traços culturais (mitos, valores, crenças, etc.) da comunidade que se pretende seduzir para o consumo são fomentados num processo de produção de sentidos, isto é, o consumo propriamente dito e as ações de marketing passam a configurar mais que o mero atendimento das necessidades de bens e serviços, asseverando-se como uma espécie de estrutura de cidadania. Consumir certa experiência vivenciada garante o sentimento de pertença e identidade. Por meio dos recursos tecnológicos (imagens, sons, hipermídia, multimídia, videoconferência, internet, etc.), forjam-se os discursos propagandísticos que vão dar forma a essas experiências vivenciadas. Com o uso das tecnologias, processa-se no imaginário dos indivíduos a perspectiva de vivenciar determinada situação programada. As imagens publicitárias criam atmosferas ao gosto do usuário. A título de exemplo desse novo mecanismo tecnológico de persuasão cultural utilizado pelos agentes de marketing, podemos citar o material promocional da comunidade planejada de Walt Disney, na Flórida, denominada *Celebration*:

> Havia um lugar onde os vizinhos se cumprimentavam na tranqüilidade de uma noite de verão. Onde as crianças caçavam vagalumes. E bailes na varanda ofereciam um refúgio fácil das preocupações do dia. A sala de cinema exibia cartoons aos sábados. O armazém fazia entregas. E havia sempre aquele professor que achava que você tinha aquele talento especial. Lembra-se daquele lugar? Talvez de sua infância. Ou talvez apenas de histórias. Ele tinha uma mágica toda própria. A mágica especial de uma cidade norte-americana.[80]

---

[80] *Ibid.*, p. 95.

Esse discurso promocional não traz nenhum tipo de informação funcional sobre o produto (tamanho da residência, número de quartos e salas, etc.); a informação é uma experiência vivenciada que seduz determinado grupo de indivíduos – os relevantes, nesse caso, ao produtor do condomínio. Como combustível da produção de sentidos, a cultura cria e recria cenários por meio de informações selecionadas ancoradas em valores, mitos e crenças da sociedade. A música é um exemplo frisante dos riscos para a sociedade do uso da cultura pela esfera comercial no processo de consumo. Rifkin descreve o caso da World Music:

> Em seu disfarce nativo, muito dessa música representa uma forma de capital cultural – um meio para comunicar os valores partilhados e o legado histórico de um povo. A música indígena muitas vezes expressa o sofrimento e as circunstâncias de um grupo ou fala de sua ânsia espiritual e de suas aspirações políticas. Em sua forma cultural, a música é um forte transmissor de sentido cultural. Mobiliza sentimentos profundamente contidos. Quando apropriada, empacotada, transformada em *commodity* e vendida na forma de World Music, a mensagem central da música muitas vezes é diluída ou perde-se de vez. Por exemplo, os críticos destacam que a Salsa, um gênero musical que emergiu dos arredores urbanos empobrecidos de Cuba e de Porto Rico, e que originalmente transmitia a dura realidade da vida nos bairros e o orgulho da solidariedade latina, foi transformada em algo mais suave e sentimentalizado, de modo a se tornar mais interessante e aceitável ao público do Primeiro Mundo. A música da Argélia sofreu um destino semelhante. A Rai originou-se nos cabarés de Oran, a segunda maior cidade da Argélia, e cresceu da inquietação econômica e política que assolou o país. Como a Salsa, o som Rai foi transformado em *commodity* pela indústria gravadora, e, no processo, sua mensagem política mais profunda foi dissipada. O resultado, escreve o economista David Throsby, no *World Culture Report* da Unesco, é que, "embora a música Rai tenha se transformado no contexto internacional, sua capacidade de agir como veículo para expressar as preocupações de

um eleitorado antiestablishment na Argélia (os jovens, a classe trabalhadora, os desempregados, os analfabetos, os sem posse, os inconformados) está ameaçada.[81]

Há uma profusão de exemplos atinentes aos riscos da comodificação das culturas, como o uso de patrimônios históricos – igrejas, museus, teatros, cinemas, parques, etc. Ademais, imersos na lógica do discurso dos disseminadores da economia liberal (atores sociais que postulam a economia de mercado liberal a qualquer custo), podemos verificar que, da mesma maneira que a forma de produção industrial está se saturando na esfera comercial, se corre o risco de perder a nova "galinha dos ovos de ouro": a cultura.

---

[81] *Ibid.*, pp. 203-204.

PARTE II
Tecnologias, comunicação e informação

Inicialmente, cumpre esclarecer o título desta parte II. Na parte I, "O problema: entre o discurso e a prática nas ações de marketing", questionaram-se os conceitos tradicionais da administração mercadológica (4 Ps) pelo levantamento de indícios que demonstraram um enfraquecimento desses conceitos em face da prática do marketing. Elementos como a construção de produto, a formação de preço, a definição dos canais de distribuição e a promoção dos produtos já não funcionam como determinantes exclusivos das práticas dos especialistas de marketing. O marketing contemporâneo é marcantemente perpassado pela esfera comunicacional (e pela ciência da comunicação), que fomenta a interação do emissor (no caso do marketing, o fornecedor de bens e serviços) com o receptor (consumidor) pela manipulação da informação. Nesse processo, tanto a forma de comunicação (oral, escrita, visual, etc.) como a informação a ser transmitida (social, psicológica, tecnológica, etc.) são selecionadas.

Dito isso, começaremos a discussão desta parte II recorrendo à teoria da comunicação, da informação e das tecnologias comunicacionais contemporâneas – combustível para nossa análise das prerrogativas do marketing.

Comunicação, informação
e tecnologias a serviço do marketing

O tema da comunicação e informação vem sendo discutido por especialistas de diversas áreas do conhecimento. Entre as obras produzidas, podemos mencionar *Aldeia global* (McLuhan), *Era da informação* ou *Sociedade em rede* (Castells), *O planeta mídia* (Moraes), *Desafios da comunicação* (Dowbor et al.), *Lugar global e lugar nenhum* (Prado e Sovik), *Comunicação e educação* (Braga e Calazans), *Indústria cultural: informação e capitalismo* (Bolaño) e *A mídia e a modernidade* (Thompson). Há um número crescente de autores de diversas áreas recorrendo à comunicação e à informação em busca de reflexões para objetos da política, da economia, da sociologia, da administração, etc. Enfim, esse tema passou a ser alvo de grandes reflexões nos meios universitário e empresarial, no setor público e no chamado terceiro setor, entre outros da sociedade civil.

Apesar de o sistema de comunicação ter vestígios de seu surgimento já em 1793, com o advento do telégrafo, para efeito dos estudos do processo comunicacional se adotará como marco o fim do século XIX – período centrado na massa populacional, bem como no sistema de produção em massa. Em sua trajetória de desenvolvimento, a comunicação se desdobra em três principais eixos teóricos:

1. Teoria matemática da comunicação – da mesma maneira que a ciência da administração de empresas (com os conceitos matemáticos tecnicistas desenvolvi-

dos por Taylor), a comunicação se apropria de fundamentos das ciências exatas.

2. A comunicação como processo de democracia social – a discussão é centrada na influência social e cultural que os meios de comunicação podem exercer sobre a sociedade. Surgem pensamentos críticos sobre essa questão que

> indagarão sobre as conseqüências do desenvolvimento desses novos meios de produção e transmissão cultural, recusando-se a tomar como evidente a idéia de que, dessas inovações técnicas, a democracia sai necessariamente fortalecida. Descritos e aceitos pela análise funcional como mecanismos de ajuste, os meios de comunicação tornam-se suspeitos de violência simbólica e são encarados como meios de poder e de dominação.[1]

3. A forma ou estética da comunicação – em contraposição ao segundo eixo, este preconiza a idéia de que o conteúdo da mensagem é a própria forma, isto é, o meio. O discurso de Marshall McLuhan[2] opera na vertente "das mídias como extensões sensórias do homem; portanto, de meios como educadores dos sentidos e geradores de novos comportamentos".[3]

Com base nesses três eixos, a comunicação se desvenda por diversos caminhos, como, por exemplo, a cibernética e a semiótica. Os tópicos seguintes pretendem esmiuçar diversas questões por meio do resgate de conceitos dos processos de comunicação, informação e tecnologias que auxiliem a com-

---

[1] Cf. Michele e Armand Mattelart, *História das teorias da comunicação* (São Paulo: Edições Loyola, 1999), p. 73.
[2] Ver Marshall McLuhan, *A galáxia de Gutenberg* (São Paulo: Companhia Editora Nacional, 1972).
[3] Ver Philadelpho Menezes, "Teorias da comunicação na globalização da cultura", em Ladislau Dowbor *et al.* (orgs.), *Desafios da comunicação* (Petrópolis: Vozes, 2001), p. 121.

preensão do que, na verdade, pode ser considerado o marketing contemporâneo.

Comunicação e informação: conceitos e definições

A comunicação se expressa de maneira "conatural ao ser humano"[4] como um mecanismo da concretização simbólica[5] em que se compartilham elementos de comportamento, ou modos de vida, pela existência de conjuntos de regras entre emissores e receptores,[6] ou apenas processa a transmissão de conteúdos conforme preconiza a teoria matemática da informação, ou,

> [...] contrariamente ao modelo psicológico-experimental, que evidenciava todos os obstáculos que se opunham a uma comunicação linear, capaz de obter os efeitos pretendidos pelo emissor, o modelo semiótico-informacional coloca, como elemento *constitutivo* da comunicação, o seu caráter intrínseco de processo negocial para cuja determinação concorrem, simultaneamente, diversas ordens de fatores,[7]

ou, por fim, como apontam as "teorias baseadas na análise dos meios de comunicação como fenômenos estéticos, considerando-se o eixo formado pelo canal, pela mensagem e pelo receptor, entendendo que a forma da comunicação determina seu conteúdo".[8]

---

[4] Cf. Regina Calazans & José Luiz Braga, *Comunicação e educação* (São Paulo: Hacker, 2001), p. 14.
[5] Cf. Pedrinho A. Guareschi (org.), *Os construtores da informação* (Petrópolis: Vozes, 2000), p. 37.
[6] Cf. Colin Cherry, *A comunicação humana* (São Paulo: Cultrix, 1996), p. 27.
[7] Cf. Mauro Wolf, *Teorias da comunicação* (6ª ed. Lisboa: Presença, 2001), pp. 112-124.
[8] Ver Philadelpho Menezes, "Teorias da comunicação na globalização da cultura", em Ladislau Dowbor *et al.* (orgs.), *Desafios da comunicação*, cit., p. 118.

As diversas afirmações acerca do papel da comunicação na sociedade, apesar de serem em parte conflitantes, revelam que ela contribui decisivamente nas articulações sociais, econômicas e políticas da sociedade. Trata-se, então, em vez de tomar partido nessa discussão, de reconhecer que o processo comunicacional contemporâneo se alimenta das diversas teorias. Com a teoria matemática, desenvolvem-se estudos sobre a inteligência artificial, a cibernética, o ciberespaço e a cibercultura. Com a associação da matemática e da informática à ciência cognitiva, aprofundou-se o estudo que originou a neurolingüística, a semiótica, a ciência do conhecimento, etc. Em síntese, não se trata de excluir ou destacar um ou outro modelo de comunicação, mas de reconhecer suas interconexões na prática cotidiana. O que importa colocar em relevo é que, por exemplo, num processo de construção de um discurso propagandístico, deve-se observar desde o poder econômico de domínio dos meios (assunto a ser tratado mais adiante), passando pela estética, até o reconhecimento dos elementos sígnicos envolvidos.

Propomos ancorar nossa análise do marketing nas diversas vertentes teóricas da comunicação. Pretendemos também destacar os conceitos da semiótica discursiva com base nas matrizes propostas por Floch e Semprini quando analisam as ações de marketing. Essa opção teórica nos fornece ferramentas para investigarmos os sistemas de relações da produção, recepção e meio. Vejamos.

Com uma visão sistêmica sobre o processo comunicacional, Cohn, por exemplo, desenvolve uma interessante discussão sobre a relação entre a informação e a comunicação. Para o autor, a informação e a comunicação não compartilham o plano da circulação de significados. Ele acrescenta:

> Até um período histórico muito recente, a informação estava subordinada à comunicação. Figurava como uma modalidade particular dos múltiplos conteúdos que circulavam nas vias traçadas

pelos meios de comunicação. O que se busca enfatizar aqui é que a mudança que vem ganhando ímpeto nas últimas décadas inverteu essa relação. Mais do que isso, colocou a informação em plano distinto da comunicação. O argumento vai no sentido oposto ao de formulações como essa de Manuel Castells, na sua trilogia sobre a era da informação: "Como a informação e a comunicação circulam primordialmente através do sistema diversificado dos meios [...]" A idéia é precisamente que a informação e a comunicação não compartilham o plano da "circulação" de significados. Situam-se em planos diferentes. A comunicação pode ser concebida como da ordem da circulação. Mas esta se dá numa configuração delineada num outro plano, em que a informação é fator decisivo. A distinção fundamental que está em jogo aqui é a de que a comunicação tem a ver com conteúdos e com sua circulação, ao passo que a informação não se refere a conteúdos, mas sim ao modo como estes entram (ou não) na circulação. Nesses termos, a informação não diz respeito à transmissão de conteúdos. Seu domínio é o da seleção daquilo que terá valor significativo e que, com base nesse valor, comporá o campo dos conteúdos aptos a integrarem a comunicação.[9]

Apoiado por conceitos da teoria sistêmica, o autor chama atenção para o fato de que a relação entre o produtor e o consumidor se estabelece por meio de um processo de seleção da informação. Da mesma maneira que o sistema capitalista seleciona as mercadorias que devem ser produzidas e quem as deve consumir, a informação ganha esse mesmo mecanismo de funcionamento. O que é selecionado agora são os signos vinculados às mercadorias, que passam a estimular o consumo pela comunicação. Como prova desse mecanismo de funcionamento do sistema capitalista da era comunicacional, diz Cohn:

> Ocorre que, mesmo em sociedades centradas na produção e circulação de mercadorias, como são as contemporâneas, por mais que os objetos significativos disponíveis figurem como

---

[9] Ver Gabriel Cohn, "A forma da sociedade da comunicação", em Ladislau Dowbor *et al.* (orgs.), *Desafios da comunicação*, cit., pp. 21-22.

mercadorias, sua dimensão propriamente significativa (e não de produtos sem mais) remete a uma outra lógica que não é da similaridade e da equivalência, mas a da diferença e da distinção – a lógica da linguagem, enfim. Ou seja, trata-se de valores que não são redutíveis à sua permutabilidade, nem à sua capacidade de agregarem por acumulação.[10]

E acrescenta:

> Dessa perspectiva, a relação entre a informação e a comunicação sofre uma mudança crucial. Para entender o que está ocorrendo, é preciso conceber essa relação em termos mais abstratos do que o habitual. O ponto básico é que a informação é vista pela perspectiva do seu modo de operar, com ênfase no critério básico que comanda a operação. Esse critério é o da seleção entre alternativas. Trata-se, nesse sentido, de um processo que opera mediante processos seletivos, comandados pela disjuntiva ou. Portanto (e aqui se antecipa uma conclusão importante sobre a forma da sociedade que se vai engendrando aqui e agora), sua orientação básica é no sentido da inclusão/exclusão. Sua forma característica é do sistema, vale dizer, de entidades capazes de construir e manter fronteiras em relação ao que lhe é externo (ou seja, em relação ao que não é incluído nelas e que portanto é irrelevante na sua perspectiva).
> [...] A comunicação é um processo expansivo e voltado para a inclusão de novos elementos significativos, ao passo que a informação é um processo seletivo, voltado para a exclusão de elementos definidos como insignificantes.[11]

Essas reflexões remetem a discussões acerca do discurso ideológico construído pelos especialistas do marketing quando preconizam o aumento do acesso dos bens e mercadorias à maior parte da sociedade. Os apontamentos de Cohn fornecem pistas instigantes ao demonstrar que o processo de consumo das mercadorias está vinculado a outra lógica, que não

---

[10] Ibid., pp. 22-23.
[11] Ibidem.

é da similaridade e da equivalência, mas da diferença e da distinção que o autor denomina como lógica da linguagem. Suas conclusões levam à interpretação de que a comunicação, com todos os seus dispositivos tecnológicos que estimulam e facilitam a circulação de informação, se subordina ao processo de seleção, que é o elemento que dá sentido e significados às mercadorias.

Trata-se de reconhecer, por exemplo, no discurso propagandístico sobre a mercadoria, o valor de uso –

> sua qualidade, o tipo de matéria-prima utilizado, as habilidades do produtor, as condições de produção, a distância da unidade produtiva em relação ao local de troca e as características particulares do produto, assim como a disponibilidade financeira do comprador; além disso, no caso de uma venda a crédito, as condições de financiamento, os prazos de pagamentos e os juros como unidades básicas de informação,[12]

apenas como um conjunto de sentidos ligados a questões operacionais do produtor, sentidos estes enfraquecidos pela persuasão e pela sedução, no processo de consumo contemporâneo. Em grande medida, o combustível que alimenta esse motor semiótico de produção de sentidos do sistema de consumo contemporâneo pertence à esfera cultural da sociedade.

Assim, o processo de seleção da informação de que trata Cohn, quando transferido para o campo da semiótica, permite afirmar que a produção de sentidos no processo de comunicação de um produto ou serviço passa por tais mecanismos de seleção. O produtor não tem controle soberano sobre o repertório de cultura e informação do consumidor, mas contrata os porteiros especialistas em discursos. Ressalte-se que, ao trazer para discussão a questão da seleção no processo de

---

[12] Cf. César Bolaño, *Indústria cultural, informação e capitalismo* (São Paulo: Hucitec/Polis, 2000), p. 31.

construção da informação, não se trata de negar a complexidade do processo comunicacional contemporâneo, ou seja, não falamos de uma visão estreita que nega a existência de um emissor, um receptor e um meio, como muito bem nos lembra Santaella.[13] E mesmo Cohn, que desenvolve toda uma discussão de sentido provocativo acerca do processo seletivo excludente da construção da informação, deixa claro seu reconhecimento da possibilidade de o indivíduo interpretar e ressignificar as informações. Trata-se, então, de, por um lado, não abordar binariamente a relação entre o produtor de informação e o receptor, atribuindo a este último a condição de passivo, porque não interpreta, não se posiciona; e, por outro, de não incorrer no extremo oposto, ou seja, no positivismo preconizado pelos liberais ao defenderem a capacidade do mercado de se auto-regular de maneira eficiente para toda a sociedade. As relações de negociação entre produtores e consumidores não são equilibradas; no processo comunicacional, isso não é diferente. Esse panorama do processo comunicacional mostra sua complexidade, pois envolve a comunicação e a informação, deixando fortes indícios das relações profundas que estas estabelecem com aspectos sociais, culturais, econô-

---

[13] "A maior razão para o aumento de informação não controlada nos processos de comunicação de massa está, no entanto, num outro aspecto que costuma ser bastante negligenciado por aqueles que só buscam conteúdos nas mensagens: o fato de que as mídias inauguraram, antes de tudo, a mistura de códigos e de processos sígnicos numa mesma mensagem, isto é, a simultaneidade semiótica das mensagens. Uma mesma mensagem é composta na sincronia de vários sistemas sígnicos, na mistura do verbal e do não-verbal. Isso tende a aumentar a imponderabilidade da informação transmitida e a diminuir a possibilidade de controle do emissor sobre aquilo que os receptores poderão porventura captar como informação na mensagem. São mensagens aparentemente pobres no conteúdo, mas complexas semioticamente, isto é, ricas na mistura de códigos que concorrem para compor a mensagem. Na maior parte das vezes, julgam-se as mensagens de massa como inevitavelmente pobres e pasteurizadas, porque apenas um código (geralmente o verbal) é levado em consideração, esquecendo-se da profusão de sinais, processos sígnicos e códigos que estão ali coexistindo." Ver Lucia Santaella, *Cultura das mídias* (São Paulo: Experimento, 1996), pp. 32-33.

micos, políticos, enfim, com toda a estrutura do capitalismo contemporâneo.

O modelo de administração mercadológica praticado atualmente apóia-se no gerenciamento da informação e dos valores culturais da sociedade. Com o avanço tecnológico, manipulam-se e selecionam-se o conteúdo, a linguagem e o espaço daquilo que deve circular. A informação está sujeita a um processo análogo àquele pelo qual o sistema produtivo capitalista seleciona as mercadorias que devem ser produzidas e quem as deve consumir. A questão central é que sem um sistema de informação que permita o acesso do conhecimento ao conjunto da sociedade a dinâmica mercadológica torna-se ineficiente para atender às demandas coletivas. Vejamos.

No conjunto de fatores que constituem a cidadania, o acesso à informação não é menos importante que a saúde, a educação, etc. O relatório *World Information Report*, da Organização das Nações Unidas para a Educação, a Ciência e a Cultura (Unesco), afirma que a informação é um direito, como a justiça, e deveria ser assegurada gratuitamente, como outros serviços.[14] Sem informação, não há possibilidade de escolha: tanto a aquisição de um utensílio doméstico como a eleição de dirigentes de políticas públicas e o uso adequado dos recursos naturais não podem prescindir da informação. Se o direito a aceder-lhe não é garantido, comprometem-se os demais direitos e deveres – a educação, a saúde, a moradia, o uso consciente dos recursos naturais, entre outros. Para se alimentar, por exemplo, o indivíduo necessita de informações sobre o processo da cadeia produtiva para proteger sua saúde, a dinâmica social, a economia e o meio ambiente. Sem saber como o produto ou serviço foi projetado, produzido, como deve ser

---

[14] Organização das Nações Unidas para a Educação, a Ciência e a Cultura, *World Information Report* (Paris: Unesco, 1995), pp. 280-282.

usado e eventualmente descartado, não há consumo responsável.

Os brasileiros, por exemplo, só mudaram seu comportamento no consumo de energia elétrica quando foram informados da problemática da cadeia produtiva, econômica e social. Cada segmento da sociedade – jovens, mulheres, idosos, etc. – recebeu um conjunto de informações que permitiu nova postura para com o uso da energia. Nesse caso, não foi uma campanha publicitária de um Duda Mendonça ou de um Washington Olivetto que provocou a mudança de comportamento, mas as diversas dinâmicas de comunicação: os debates nos canais de comunicação de massa, as discussões em escolas e universidades, as ações dos setores privado e público para redução do consumo, as ações das bases comunitárias para informar os indivíduos sobre a problemática da falta de energia, enfim, a informação e o conhecimento circularam nas diversas esferas da sociedade de maneira plural e sistêmica.

Infelizmente, observa-se que o sistema de comunicação contemporânea opera numa lógica distinta. Vejamos.

A voz do Estado

De maneira geral, o Estado articula suas ações com interesses políticos, objetivando resultados de curto prazo, ou seja, grande parte das ações de comunicação destina-se muito mais à construção da imagem política do Executivo e do Legislativo (prefeitos, governadores, presidente, ministros, secretários, deputados, vereadores e senadores) do que a informar a sociedade sobre determinado fato. Campanhas publicitárias milionárias, como, por exemplo, as da Companhia de Saneamento Básico do Estado de São Paulo (Sabesp) – "Lavar bem é fácil, difícil é ficar sem"; "Utilize vassoura em vez de mangueira"; "Olha o nível" –, colaboram fortemente para fortalecer a imagem da "marca" Sabesp; porém, pouco fazem pela conscientização acerca do uso da água.

O processo comunicacional ocorre de forma unilateral, sem que se demonstre uma preocupação em identificar as demandas individuais e coletivas da comunidade a ser informada. Por intermédio de pesquisas de mercado similares às desenvolvidas na campanha de, por exemplo, um sabonete, publicitários constroem estratégias de comunicação que partem de e terminam em um só ator, nesse caso o Estado – que garante, afinal, o pagamento da conta à agência de publicidade. O foco das ações publicitárias é a manipulação dos valores de consumo por meio da estética, do lúdico, do psicológico, do cultural, da estratificação social, pois, segundo os especialistas de marketing, é esse modelo comunicacional que seduz o receptor. Informar fica em segundo plano.

A voz do setor privado

A iniciativa privada, em relação ao Estado e à sociedade civil, se vale de uma capacidade muito maior na manipulação da informação. O discurso neoliberal privatizante atribui às corporações papel cada vez mais controlador das atividades dos setores econômico, social, cultural, ambiental, educacional e político. A manipulação da informação por parte desse ator constrói progressivamente um discurso segundo o qual privatizar a gestão de bens e serviços públicos gera mais benefícios à sociedade, que ganha novos horizontes. Agora se incluem os rios, o ar, as montanhas, enfim, todos os recursos naturais da vida humana. O discurso das corporações nos meios de comunicação tem afirmado que, com os grandes investimentos feitos pelo setor privado, os serviços terão melhor qualidade e, em função da concorrência, preços mais baixos. Os resultados desse processo vêm se mostrando um pouco diferentes disso. Em Honduras, por exemplo, a privatização da gestão da água, que passou à empresa inglesa Bechtel, fez com que a população chegasse a consumir 25% da renda familiar para o pagamento da conta mensal.[15]

Com essas estratégias de manipulação da informação, fertiliza-se uma visão reducionista sobre como lidar com bens públicos. Isto é, esconde-se da sociedade a informação de que, por exemplo, os impactos da pesca predatória realizada por grandes navios em alto-mar dificultam a subsistência de uma pequena comunidade de pescadores numa ilha brasileira.[16] Por mais bem-intencionados que estejam os "donos" da gestão de uma parte de um rio ou oceano, seus objetivos são o lucro; eles podem até preservar sua parte do rio ou oceano, mas a primeira preocupação não será com os impactos de suas ações sobre o meio ambiente. Quanto à fantasia de que precificar os custos ambientais, como a emissão de poluentes, e cobrar taxas do beneficiado desse processo podem resolver a questão, trata-se de simplificar demais a problemática. Em primeiro lugar, a premissa de que qualquer ação humana deve ser permitida desde que tenha um preço não garante os interesses coletivos. Quando se trata de vidas, como nas questões ambientais, não é aceitável esse posicionamento. Será que a destruição de todo o sistema de vida do rio Tietê e o desenvolvimento de diversas doenças em função da poluição

---

[15] Cf. Joel Bakan, *The Corporation* (Nova York: Free Press, 2005), p. 164.
[16] Sobre a pesca predatória no mundo, Dowbor relata que hoje, com a utilização do sistema de posicionamento global por satélite (GPS), dos modernos sonares que permitem a localização dos cardumes, das linhas flutuantes de vários quilômetros de extensão e das redes de arrasto de grande capacidade, se alterou radicalmente o equilíbrio entre o ritmo de reprodução da vida e a capacidade de pesca. O resultado foi a brusca elevação do volume de pesca, de cerca de 20 milhões de toneladas por ano em 1950 para cerca de 80 milhões em 1990. Destaca-se que, com essas novas tecnologias, algo entre 75% e 80% da pesca constitui o chamado *By catch*, peixe capturado ou morto pelo sistema de pesca sem interesse comercial, que acaba sendo jogado fora. Ver Ladislau Dowbor, *A reprodução social* (Petrópolis: Vozes, 1998), p. 166.

do rio se justificariam, caso os poluidores que lucraram com o processo pagassem por ele? Mercantilizar a gestão dos recursos naturais exclui inúmeras pessoas do acesso a esse bem público por não terem renda. Não se pode viver sem água, ar, etc. Não é uma questão de escolha. E a insustentabilidade já é conhecida: um levantamento sobre o uso dos recursos naturais do planeta revela que, para vivermos todos de acordo com o estilo de vida do povo norte-americano, precisaríamos de aproximadamente quatro planetas Terra.

A voz do indivíduo

Para a maioria da população, resta o desafio de se apropriar das informações produzidas principalmente por instituições e corporações vinculadas ao Estado e à iniciativa privada. Na cultura da informação, sobra pouco espaço para o indivíduo protagonizar ou pelo menos interagir na construção do conhecimento. Ao contrário: com a quantidade imensa de informação que hoje se produz, gera-se, de um lado, a obrigação da "atualização" constante e, de outro, a ausência de um sistema articulado da informação que possibilite a comunicação entre os diversos atores. O Estado e o setor privado controlam de maneira unilateral os mecanismos de construção da comunicação, relegando a um plano secundário o olhar do indivíduo sobre temas relevantes, como o tratamento dos recursos naturais.

Torna-se legítimo que todo o conjunto de informação e conhecimento seja compartilhado com a população, independentemente de classe social, raça, sexo, idade, etc. A problemática ultrapassa a competência do Estado ou da iniciativa privada, exigindo que a sociedade civil se aproprie da questão.

Deve-se reordenar a dinâmica mercadológica, para, em lugar de privilegiar interesses individuais, atender a demandas coletivas. A isso denominamos administração mercadológica baseada na cultura da comunicação. O advento de uma cultura da comunicação se apóia em um sistema comunicacional circular e colaborativo, que permita a construção do conhecimento por meio de trocas em que todos ganhem. Nesse caso, não existe um ator único que manipula a informação de acordo com seu interesse por meio de signos: o foco é o conjunto da sociedade. Isso significa permitir que a informação circule de forma viva e orgânica e que todos os atores insiram e retirem conteúdos.

O avanço tecnológico e a nova ordem comunicacional

Poderíamos comparar o período de transformação de que participamos com o deslocamento econômico do período agrário para o industrial. A exigência de novos parâmetros para convivermos nesse ambiente tecnológico, carregado de novos códigos e linguagens no processo de comunicação, é similar à ruptura que milhares de pessoas experimentaram ao abandonar as zonas rurais de plantio familiar para viver em regiões urbanas, sob a sedução do consumo de bens e serviços do século XIX. Santaella, por exemplo, ao tratar do pós-moderno, lembra que, da mesma maneira que a Revolução Industrial marcou o advento do modernismo, se pode dizer que a pós-modernidade está marcada pela revolução eletrônica.[17] O processo comunicacional no período pós-moderno é caracterizado pela revolução dos meios de comunicação como a internet, a multimídia, a hipermídia, etc. E também o marketing.

---

[17] Cf. Lucia Santaella, *Cultura das mídias*, cit., p. 108.

O paralelo que procuramos traçar entre esses dois momentos históricos serve apenas para mostrar que um processo sedutor, como é o sistema comunicacional tecnológico – que permite diversos tipos de relações (financeiras, operacionais, familiares, de lazer, etc.) em tempo real, independentemente de onde estejamos –, tem seus riscos. Ora, o discurso otimista que perpassa diversos setores da sociedade (acadêmicos, empresariais, governamentais, políticos, etc.) sobre as benesses sociais e econômicas desse novo modelo comunicacional já foi vivido no período pós-Revolução Industrial. Não se pretende negar as conquistas que sobrevieram ao advento industrial, mas admitir que as elevadíssimas taxas de desemprego, o aumento da violência, da degradação ambiental e da miséria que assolam a maior parte dos países subdesenvolvidos são, em grande medida, frutos dessa ruptura histórica.

Um primeiro grupo de autores como Pierre Lévy, Domenico De Masi e Manuel Castells vê de maneira predominantemente otimista as possibilidades de desenvolvimento econômico e social que o progresso tecnológico vem trazendo à sociedade. Embora tanto Lévy quanto Castells vejam o avanço tecnológico com grande otimismo no que concerne ao ganho social, é importante destacar que os discursos têm características distintas. Diferentemente de Lévy, Castells não aponta concisamente os resultados concretos promovidos pela revolução tecnológica contemporânea. Como se pode notar, preocupa-se ele em ilustrar de maneira otimista que, com todo o avanço tecnológico, o homem se apropria de um instrumental que lhe permite interferir no processo de desenvolvimento humano, e não apenas participar dele.

Um segundo grupo conta com autores como o sociólogo francês Jean Baudrillard, que compreende nesse movimento o fim da possibilidade de quaisquer mudanças positivas para a sociedade. Em seus livros *A sociedade do consumo*, *O sistema de objetos* e *A troca simbólica e a morte,* Baudrillard deixa clara sua crítica a essa nova sociedade pautada na produtividade e no consumo, apontando os prejuízos que decorrem desse processo.

Por fim, contamos com um grupo de autores, como, por exemplo, Harvey, Prado e Dowbor, que percebem aspectos negativos e positivos nesse processo, mas com reais possibilidades de ganhos econômicos e sociais para toda a sociedade.

A posição de Lévy, ao disseminar a idéia de que vivemos numa sociedade permeada por tecnologias que facilitam a vida de todos material, social e culturalmente, soa um tanto simplificadora e excessivamente otimista. Poderiam-se citar inúmeros exemplos dessa redução da situação social e econômica da sociedade contemporânea. Basta ver os dados do *Relatório do Desenvolvimento Humano* de 1999 para perceber a complexidade dos problemas que temos de enfrentar:

> As exportações mundiais de bens e serviços quase triplicaram, em termos reais, entre os anos 1970 e 1997. Botswana, China, República Dominicana e Coréia do Sul se beneficiaram de um crescimento anual médio de 10%-13% nas suas exportações. Mas muitos países não participaram dos benefícios, com exportações a reduzir na Bulgária, Níger, Togo e Zâmbia.
>
> Desde os anos 1970, a parcela dos produtos manufaturados nas exportações de mercadorias cresceu consideravelmente para alguns países – de 13% para 71% em Maurício, de 32% para 81% no México, de 25% para 78% na Tunísia. Mas, para 28 países, os produtos manufaturados ainda representam menos de 10% das exportações de mercadorias.
>
> Em 1997, o investimento direto estrangeiro aumentou para 400 milhões de dólares, sete vezes o nível dos anos 1970, mas 58% foram para os países industrializados, 37% para os países em desenvolvimento e apenas 5% para as economias em transição da Europa do Leste e CEI.

Mais de 80% do investimento direto estrangeiro nas economias em desenvolvimento e em transição, nos anos 1990, foram apenas para vinte países, principalmente a China. Para cem países, o investimento direto estrangeiro foi, em média, inferior a 100 milhões de dólares por ano desde 1990, e, para nove países, os fluxos líquidos foram negativos. [...] Resumindo: o quinto do topo da população mundial nos países mais ricos beneficia-se de 82% da expansão do comércio e 68% do investimento direto estrangeiro – o quinto da base dificilmente ultrapassa 1%.[18]

Assim, as afirmações de Lévy contemplam apenas parte da realidade da vida cotidiana de nossa sociedade. Quando o autor menciona o sistema de rede das novas tecnologias, que permite que os indivíduos se conectem, compartilhando conhecimentos, isso deve ser visto com certa cautela. Consideremos a internet, que permite essa forma de comunicação. Num país como o Brasil, por exemplo, com população de aproximadamente 200 milhões de habitantes, apenas cerca de 17% das pessoas têm acesso hoje à rede. Concluindo, as afirmações de Lévy parecem restringir-se ao eixo dos países economicamente desenvolvidos, como Estados Unidos, Inglaterra, Alemanha, Itália, França, Japão, etc.

Quanto ao discurso de Baudrillard, ele contribui na medida em que radicaliza a crítica, remetendo-nos à reflexão sobre os riscos que corre a sociedade no pós-modernismo. Mas esse discurso, até certo ponto, não abre caminhos alternativos para a construção de uma nova organização social com base dinâmicas comunicacionais de hoje.

Dowbor, Harvey e Prado, entre outros, por sua parte, reconhecem no momento contemporâneo um cenário de profundas transformações nas relações econômicas e sociais, que

---

[18] Programa das Nações Unidas para o Desenvolvimento, *Relatório do Desenvolvimento Humano 1999* (Lisboa: Trinova Editora, 1999), pp. 30-31.

pode gerar ganhos ou prejuízos para a sociedade, dependendo de sua gestão.

Negar as novas tecnologias comunicacionais ou as novas formas de produção é negar as possibilidades de ruptura com as desigualdades sociais, com o discurso totalitarista dos grandes centros econômicos e a miséria herdada do sistema capitalista no período moderno. Por outro lado, esse processo de transformação deve ocorrer de maneira plural, isto é, a participação dos atores sociais – Estado, iniciativa privada e sociedade civil – nas decisões estratégicas do desenvolvimento econômico e social deve ocorrer de maneira conjunta, e não isolada e desigualmente. Os recursos tecnológicos de que dispomos hoje podem facilitar e estimular a gestão participativa em setores como educação, saúde, lazer, etc., tornando os processos mais transparentes e com resultados mais próximos dos interesses dos atores neles envolvidos.[19]

Os avanços tecnológicos do século XX, principalmente a partir da década de 1980, provocaram consideráveis mudanças políticas, sociais, econômicas e culturais. A educação, a saúde, o lazer, os negócios, enfim, toda a governança mundial sofreu alterações expressivas. No que se refere às questões sociais, por exemplo, o *Relatório do Desenvolvimento Humano*

---

[19] Villasante destaca a importância das redes de comunicação como forma de transformação social e diz: "Certamente, estamos diante de coordenações e fóruns cuja estrutura é somente a sua rede de comunicações e pensamento, porém poucas vezes se viu uma rede crescer com tal velocidade, pois a partir do Rio de Janeiro (1992) até Istambul (1996) multiplicou-se seu número e repercussão de uma maneira sem precedentes (de alguns milhares até 25 mil assistentes). Nesses fóruns, não se acredita que os Estados e as empresas vão cumprir as resoluções que lhes foram recomendadas e menos ainda de forma completa e imediata; porém, sim, que possa haver certos acordos básicos entre as organizações sem fins lucrativos, não-governamentais, e movimentos de base para que esses valores possam ser difundidos no mundo todo e possa se começar a construir em escala regional e local processos concretos que iniciem alternativas aos desperdícios e à degradação do humano e da vida no planeta". Ver Tomás Rodriguez Villasante, *Redes e alternativas* (Petrópolis: Vozes, 2002), p. 209.

de 2001, ao investigar o poder do avanço tecnológico sobre o desenvolvimento humano, afirma que, "em verdade, os avanços sem precedentes registrados no século XX, enquanto mecanismos de desenvolvimento humano e erradicação da pobreza, foram, em grande medida, conseguidos pelos grandes avanços tecnológicos".[20] E acrescenta:

> No final da década de 1930, começaram a declinar rapidamente as taxas de mortalidade na Ásia, na África e na América Latina, e, no final de três décadas, a esperança de vida ao nascer havia aumentado para mais de sessenta anos. [...] A redução da desnutrição na Ásia Meridional caiu de 40% na década de 1970 para 23% em 1997. A eliminação da fome crônica foi possível pelos avanços tecnológicos conquistados na década de 1960 em matéria de cultivo de plantas, fertilizantes e pesticidas, que em apenas quarenta anos quadruplicaram o rendimento das plantações de arroz e trigo. Esse período é assombrosamente breve em comparação com os mil anos que a Inglaterra percorreu para quadruplicar o rendimento dos campos semeados com trigo, passando de 0,5 para 2,0 toneladas por hectare.[21]

No que tange às questões econômicas e comerciais, o deslocamento das rotinas operacionais e financeiras também foi grande. A interdependência econômica global altera quase diariamente o sistema de risco financeiro de todos os países. Uma crise financeira num país da Ásia, por exemplo, altera, em questão de segundos, as bolsas de valores, moedas, taxas de juros, enfim, todo o aparato regulatório da economia. Mais do que isso, um simples boato eleitoral acerca de um país emergente como o Brasil pode provocar, por exemplo, a especulação financeira pelos capitalistas investidores, que, pelas

---

[20] Programa das Nações Unidas para o Desenvolvimento, "Poner el adelanto tecnológico al servicio del desarrollo humano", *Desarrollo Humano 2001* (Nova York: Oxford University Press, 2001), p. 2.
[21] *Ibidem*.

redes de comunicação, alteram toda a dinâmica econômica e política de um país. Nas palavras de Castells:

> [...] acima de vários capitalistas de carne e osso e de grupos capitalistas há uma entidade capitalista coletiva sem rosto, formada de fluxos operados por redes eletrônicas. Não é apenas a expressão da lógica abstrata do mercado, porque, na realidade, não segue a lei da oferta e da procura: responde às turbulências e aos movimentos imprevisíveis, de expectativas não calculáveis induzidas pela psicologia e sociedade na mesma medida que pelos processos econômicos.[22]
>
> As transações comerciais, com o avanço tecnológico, atingiram cifras gigantescas. Numa economia mundial de aproximadamente 37 trilhões de dólares de produto interno bruto, em 2000 foram negociados 400 bilhões de dólares pela web, com projeção, para março de 2001, de 3,7 trilhões de dólares, e, se consideradas todas as transações, esse número chega próximo de 6,8 trilhões de dólares, segundo a *Gartner Groupen*.[23]

Todo esse processo é fruto da rede que vem envolvendo o mundo corporativo. Corporações, institutos, governos, sindicatos, organizações não-governamentais (ONGs), associações, enfim, os diversos atores da sociedade se articulam em torno da produção, da pesquisa, da comercialização, etc. "Em 1989, menos de 10% das empresas norte-americanas estavam ligadas à rede. Em 1993, mais de 60% das empresas norte americanas estavam on-line".[24] Da mesma forma, institutos de pesquisa compartilham conhecimentos nas investigações sobre doenças, alimentos, tecnologias, etc. O *Relatório do Desenvolvimento Humano* de 2001 mostra que muitos países em desenvolvimento estão aproveitando essa rede, com benefícios notáveis para o desenvolvimento humano. Por exem-

---

[22] Cf. Manuel Castells, *Sociedade em rede* (São Paulo: Paz e Terra, 1999), pp. 501-502.
[23] Cf. Manuel Castells, *The Internet Galaxy* (Nova York: Oxford University Press, 2001), pp. 64-65.
[24] Cf. Jeremy Rifkin, *A era do acesso* (São Paulo: Makron Books, 2001), p. 14.

plo, os novos medicamentos antipalúdicos desenvolvidos na Tailândia e no Vietnã basearam-se tanto em estabelecimentos locais como em investigações internacionais. E mais:

> A investigação científica se apóia cada vez mais na colaboração entre distintas instituições e distintos países. No período de 1995-1997, cientistas e estudantes prepararam artigos em colaboração com cientistas de outros 173 países; cientistas brasileiros colaboraram com 114; do Quênia, com 81, da Argélia, com 59. As empresas multinacionais, muitas delas com sede na América do Norte, na Europa e no Japão, podem agora, na maioria de suas instalações de investigação em vários países, subcontratar a produção em todo o mundo. Em 2000, 52% das exportações da Malásia foram de alta tecnologia; da Costa Rica, 44%; do México, 28%; das Filipinas, 26%.[25]

Os ganhos sociais e econômicos só não são maiores em razão da falta de uma ética na gestão política, econômica e social por parte dos dirigentes e governantes de países, instituições e corporações. Embora haja abundantes recursos tecnológicos que possibilitam avanços sociais, o sistema capitalista, que dita a dinâmica social, política e econômica, não apresenta resultados satisfatórios às necessidades coletivas.

A especulação financeira é forte indicador dos riscos que o uso das novas tecnologias pode exercer sobre as dinâmicas sociais e econômicas, se não houver uma preocupação com a ética por parte dos atores envolvidos. Dowbor, por exemplo, recorre ao balanço do *Le Monde Diplomatique*[26] sobre a especulação financeira mundial para mostrar que, enquanto a Peu-

---

[25] Programa das Nações Unidas para o Desenvolvimento, "Poner el adelanto tecnológico al servicio del desarrollo humano", *Desarrollo Humano 2001*, cit., p. 5.
[26] O balanço foi publicado pelo *Le Monde Diplomatique* em outubro de 1998, com dados fornecidos pelo suplemento "Global Investment Banking" do *Financial Times*, Nova York, 23-1-1998. Cf. Ladislau Dowbor, "Economia da comunicação", em Ladislau Dowbor *et al.* (orgs.), *Desafios da comunicação*, cit., pp. 49-50.

geot, com 140 mil funcionários, atingiu o lucro de 330 milhões de dólares no primeiro semestre de 1998, somente o setor de negociação de divisas do Citybank, com 320 operadores, gerou o lucro de 500 milhões de dólares no primeiro semestre de 1997. E conclui:

> A área financeira é hoje, sem dúvida, essencialmente uma manipuladora de símbolos, e a financeirização dos processos econômicos se deve ao fato de que a produção fabril continua presa aos ritmos e exigências físicas dos produtos materiais, enquanto a área financeira passou a se descolar, na velocidade da luz, com custos mínimos e lucros fenomenais. Quem controla as representações simbólicas da riqueza é que passa a manejar o sistema, e não quem produz.[27]

As respostas a essas disparidades de resultados tecnológicos para a sociedade[28] poderiam ser inúmeras. O fato é que todo sistema que envolve diversos atores com interesses distintos (como é o caso citado) demanda algum mecanismo de gestão compartilhada; do contrário, qualquer política que permita o acúmulo de riqueza tende a privilegiar os mais fortes. O próprio *Relatório do Desenvolvimento Humano* de 2001 reconhece que, apesar de o mercado ser um poderoso propulsor do progresso tecnológico, não é suficientemente capaz de criar e difundir as tecnologias necessárias, para erradicar a pobreza. Segundo o relatório:

> [...] as tecnologias se criam em resposta às pressões do mercado e não às necessidades dos pobres, que têm escasso poder de compra. As atividades de investigação e desenvolvimento, no pessoal e nas finanças, estão concentradas nos países ricos,

---

[27] Cf. Ladislau Dowbor, "Economia da comunicação", em Ladislau Dowbor *et al.* (orgs.), *Desafios da comunicação*, cit., pp. 49-50.
[28] É importante ressaltar que esses desencontros (se é que realmente existem) valem, *a priori*, para a sociedade coletivamente, e não para as organizações que se utilizam desses mecanismos tecnológicos. Estas, ao contrário, parecem estar muito satisfeitas com os resultados obtidos (os lucros).

sob a condução das empresas transnacionais e por trás da demanda do mercado mundial, dominado por consumidores de alto poder aquisitivo.

Em 1998, os 29 países-membros da Organização para Cooperação e Desenvolvimento Econômico (OCDE) gastaram 520 bilhões de dólares em investigação e desenvolvimento, importância superior ao produto econômico combinado dos 88 países mais pobres do mundo. Nos países-membros da OCDE, que têm 19% dos habitantes do mundo, gastaram-se, em 1998, 99% das 347 mil novas patentes emitidas nesse ano. Nesses países, mais de 60% das atividades de investigação e desenvolvimento são realizadas pelo setor privado, de modo que a investigação no setor público vá assumindo um papel correlativamente menor.[29]

A discussão sobre o panorama tecnológico contemporâneo suscita algumas considerações. Muito embora o homem tenha desenvolvido, nos últimos cinqüenta anos, tecnologias que podem facilitar todo o processo de educação, saúde, trabalho e lazer, percebe-se a existência de entraves aos avanços. Talvez o maior obstáculo seja a dificuldade de adaptação do homem urbano, estimulado pelo capitalismo centrado na acumulação de bens, no poder, no hedonismo, etc., a um mundo com mais qualidade de vida do que oferecem os recursos tecnológicos. Trata-se de uma transição do *ter* (acúmulo de riquezas) para o *viver* (vivenciar as conquistas da humanidade). O desafio é pensarmos as relações humanas nesse mundo tecnologizado, de maneira distinta, ou seja, não cabem mais os conceitos de uma sociedade ancorada economicamente na produção para dar respostas às exigências da sociedade contemporânea. As estruturas burocráticas e jurídicas que regem a sociedade continuam em grande medida regionais, mas o

---

[29] Programa das Nações Unidas para o Desenvolvimento, "Poner el adelanto tecnológico al servicio del desarrollo humano", *Desarrollo Humano 2001*, cit., p. 3.

comércio, a produção, o consumo, enfim, as atividades humanas cada vez mais se transformam em escala global.

Tecnologias comunicacionais

Na sociedade da informação a dinâmica do pensamento ocidental herdado da era industrial é individualista e focada no acúmulo de riqueza. Inexiste uma rede focada na parceria e na colaboração: o que há é a união de uns para destruir outros. Basta ver, no mundo corporativo, o exemplo da Companhia de Bebidas das Américas (AmBev),[30] que, com a fusão da Brahma e da Antarctica, sob a justificativa de construir um grupo nacional forte para se proteger de poderosos grupos internacionais, aglutinou praticamente todas as empresas do setor, concentrando 73% de market share para "competir" com a Kaiser, a Schincariol, etc. O resultado é a legitimação de um monopólio local que, no lugar de uma concorrência de mercado com ganhos indiretos para os consumidores – como preços mais baixos e qualidade do produto –, possibilita à AmBev manipular toda dinâmica da administração mercadológica, formação de preço, desenvolvimento do produto, canais de distribuição e comunicação.

Numa sociedade da comunicação, pensar em rede é promover sistemas colaborativos em que a busca é o acúmulo coletivo de riqueza. Alianças entre os setores produtivo e social objetivam trocar potencialidades e experiências para contribuir com o conjunto da sociedade. Nessa nova óptica, não cabe mais o poder pelo "ter", mas sim pelo "compartilhar". Quando o conhecimento produzido é compartilhado, nada se perde: ao contrário, esse conhecimento retorna aprimorado.[31]

---

[30] Informações extraídas do antigo site http://www.brahma.com.br, do atual site http://www.ambev.com.br e do jornal de circulação interna *Gente AmBev*, editado em maio de 2000.
[31] A construção do sistema operacional Linux ilustra bem os resultados dessa nova era econômica. Sem ter um proprietário, o software foi construído por

São imensas as possibilidades de apropriação da dinâmica tecnológica na potencialização das redes com parcerias colaborativas na estrutura econômica, social, ambiental, política, cultural, etc. A dinamização da economia solidária é um bom exemplo no campo da economia: projetos como as incubadoras universitárias de cooperativas populares se articulam de maneira global, trocando experiências com diversas instituições. No setor ambiental, das tecnologias de reciclagem ao reaproveitamento da água, as experiências são inúmeras. Na política, podemos citar exemplos como a descentralização da gestão pública de São Paulo com a criação das subprefeituras, aproximando a comunidade do poder público local. No campo cultural, o barateamento tecnológico permite cada vez mais o deslocamento físico e virtual dos indivíduos para o processo de troca de suas experiências cotidianas, além da capacidade da televisão em levar aos indivíduos as diversas culturas. Já no social, o caso Pastoral da Criança é um forte exemplo de sistema de comunicação inteligente, conforme relata Dowbor:

> São 155 mil pessoas, em 3.550 municípios, responsáveis por 50% da redução da mortalidade infantil na região em que trabalham. Não existe uma empresa farmacêutica, uma rede hospitalar ou um plano de saúde que, nem de longe, com milhões gastos anualmente, conseguiu fazer algo tão útil. [...] Eles compõem uma rede, que está baseada em forte motivação, em sentido de missão, não com o objetivo de encher o bolso de alguém, mas de ter utilidade social real. Além disso, eles têm um excelente sistema de informação de comunicação, com página na internet e um jornalzinho impresso, que chega a todos. Nesse jornalzinho, você tem ótimas reportagens sobre como grupos de mães em diversas partes do Brasil estão atingindo resultados. Elas vão incentivando elas mesmas, falam a respeito das próprias expe-

---

milhares de mentes e hoje é reconhecido pelos especialistas como um sistema superior ao Windows, da Microsoft.

riências, do que pode ser replicado em outras regiões, do que precisa ser adaptado. Dessa maneira, em vez de você trancar a inteligência, você a liberta.[32]

O fortalecimento do uso das tecnologias torna-se cada vez mais um fator relevante para a dinamização das redes comunicacionais. Esse modelo tecnológico de circulação da informação consiste em fertilizar o uso de nossas mentes em rede, de maneira que potencializemos a construção do conhecimento coletivo no lugar de um sistema unilateral excludente que seleciona aquilo que deve ser circulado, conforme já apontamos anteriormente.

Segundo Castells:

> Rede é um conjunto de nós interconectados. Nó é o ponto no qual uma curva se entrecorta. Concretamente, o que um nó é depende do tipo de redes concretas de que falamos. São mercados de bolsas de valores e suas centrais de serviços auxiliares avançados na rede dos fluxos financeiros globais. São conselhos nacionais de ministros e comissários europeus da rede política que governam a União Européia. São campos de coca de papoula, laboratório clandestino, pistas de aterrissagem secretas, gangues de rua, instituições financeiras para lavagem de dinheiro, na rede de tráfico de drogas que invade as economias, sociedades e Estados no mundo inteiro. São sistemas de televisão, estúdios de entretenimento, meios de computação gráfica, equipes para cobertura jornalística e equipamentos móveis gerando, transmitindo e recebendo sinais na rede global da nova mídia no âmago da expressão cultural e da opinião pública, na era da informação.[33]

Essa concepção de rede corrobora a idéia de que o sistema promove a interconexão dos diversos atores em grau de

---

[32] Entrevista concedida com o título "Darwin às avessas" ao jornal *Meio&Mensagem*, São Paulo, acesso em novembro de 2004, p. 4. Disponível em http://www.ppbr.com/ld.
[33] Cf. Manuel Castells, *Sociedade em rede*, cit., p. 498.

"igualdade" no trâmite da informação. É essa a principal diferença em relação ao modelo de comunicação linear (emissor/receptor). Trata-se do deslocamento de um sistema em que o emissor produz o discurso e o envia a um grupo de receptores para uma estrutura de comunicação multidirecional, onde não está definido quem são o emissor e o receptor. A estrutura de comunicação em rede aponta para desdobramentos otimistas no que se refere à democratização do sistema de comunicação.

Na definição de Castells, os atores da rede são grandes corporações, pequenas e médias empresas, instituições, governos e até o crime organizado. Isto é, diversos agentes participam e compartilham de todo o processo comunicacional. Mas vale lembrar que a manutenção dessa estrutura democrática de comunicação depende de determinado cenário político e econômico. Embora o sistema de comunicação em rede não tenha hierarquia centralizada de emissores e receptores, apresenta na prática seus problemas estruturais. Os portais na web, por exemplo, fazem grande esforço para manipular o acesso dos usuários, e, apesar de a internet não ter um *dono*, os recursos tecnológicos (softwares, equipamentos, infra-estrutura de cabeamento lógico e virtual) que possibilitam os acessos têm seus proprietários.[34] Estamos diante do que Dowbor denomina capitalismo de pedágio.[35] Grandes corporações

---

[34] Sobre o risco de os portais se tornarem donos do controle da informação no processo comunicacional, Rifkin, recorrendo a um dos grandes empresários das "ponto-com", diz: "Com tanto dinheiro em jogo, Jeff Mallett, da Yahoo, adverte que os gigantes da mídia provavelmente controlarão os portais e atuarão como os porteiros de todo o ciberespaço dentro de poucos anos, dando a eles o poder de ditar os termos pelos quais os usuários terão acesso ao novo mundo do comércio eletrônico. 'Você ligará o computador e haverá três grandes redes', prevê Mallett". Ver Jeremy Rifkin, *A era do acesso*, cit., p. 146.

[35] Dowbor assim emprega a expressão "capitalismo de pedágio": "Entende-se melhor, assim, a formação desse universo gestor tecnocrático extremamente concentrado e poderoso, dessa classe de *money workers* de que fala David Korten, dos executivos de grandes empresas, dos especialistas de marketing, dos advogados, dos investidores, banqueiros, contadores, corretores imo-

como a Microsoft cobram taxas (pedágio) por meio de softwares que permitem aos usuários da rede se comunicarem. Por exemplo, quando se digita uma simples carta pelo editor de texto Word e a envia pela web, o senhor Bill Gates (principal acionista da Microsoft) recebe uma taxa (pedágio) pelo uso do meio tecnológico. Essa questão é ardilosa e exige aprofundamento. Voltaremos a ela quando tratarmos das implicações econômicas no ambiente tecnológico comunicacional.

A prática comunicacional presente pelo sistema de rede (internet) permite compartilhar informações virtualmente. Com a evolução atômica novos códigos de linguagem podem trafegar na rede em quantidades inimagináveis e na velocidade da luz. Com essas mudanças tecnológicas, a rede comunicacional ganha outras formas. A multimídia, por exemplo, com a interconexão das linguagens (oral, textual e imagética), produz sentidos que nos suscitam sensações e estímulos diversos. Cada vez mais o sistema de comunicação simula experiências cotidianas que se aproximam das realidades físicas e sensoriais dos indivíduos.

Esse aparelho tecnológico que possibilita orquestrar o sistema comunicacional na construção de cenários cotidianos com emoções, imagens, cor, cheiro, entre outras formas de representação da vida cotidiana, é um dos elementos marcantes na sedução e na persuasão dos indivíduos no processo de comunicação contemporâneo.

---

biliários e tantos outros. Esses especialistas geram um universo que drena recursos de bilhões de consumidores. Através de um universo complexo de serviços de intermediação, formando um tipo de capitalismo de catraca, ou de pedágio, onde a produção segue sendo importante, mas assumiu papel preponderante a cobrança de um direito de trânsito do produto na esfera econômica mundial". Cf. Ladislau Dowbor, *A reprodução social*, cit., p. 90.

A linguagem tecnológica comunicacional investigada por McLuhan[36] na década de 1960 estimulou diversos estudiosos como Kerckhove, por exemplo, a mergulhar nessa temática, cujo princípio norteador é o discurso otimista da emancipação do homem, libertário, com base num determinismo tecnológico, ou seja, o sonho da aldeia global de que fala McLuhan. Toda a concepção de McLuhan sobre as questões políticas, econômicas, culturais e sociais ancorou-se no determinismo tecnológico. Para o autor, as novas tecnologias religariam o homem ao seu primitivo, à sua origem, ao seu eu, ao seu *self*. McLuhan faz duras críticas ao alfabetismo fonético, argumentando que ele promove a fragmentação do pensamento no processo de comunicação. Com sua formação religiosa jesuítica, McLuhan acreditava que pela integralidade sensorial o homem alcançaria a religião (religação com Deus ou consigo). Para o autor, enquanto a magia era uma proteção do eu, a religião protegia a coletividade. Daí o autor ver os meios de comunicação de massa como uma proteção da sociedade por meio da religação coletiva.

> [...] antes de a escrita fonética separar, como veio a separar, em dois mundos à parte, o pensamento e a ação, não havia alternativa senão considerar todo homem responsável por seus pensamentos tanto quanto por seus atos. A grande contribuição de Carothes consistiu em assinalar a ruptura entre o mundo mágico da audição e o mundo neutro da visão, e mostrar como, dessa cisão, surgiu o indivíduo destribalizado.[37]

Toda a linha de pensamento mcluhaniana é eivada de otimismo no que diz respeito ao avanço tecnológico comunicacional. Ao contrário da sociologia, que vê imensos obs-

---

[36] McLuhan é considerado até hoje o pesquisador que inseriu o fenômeno estético como ferramenta de transformação social na área da comunicação. Em seu livro *O meio é a mensagem*, o autor contextualiza de maneira aprofundada toda sua teoria.
[37] Cf. Marshall McLuhan, *A galáxia de Gutenberg*, cit., p. 45.

táculos nesse processo, isto é, a banalização da informação engendrada pelos meios de comunicação contemporâneos (o surgimento das linguagens de multimídia, dando formato de videoclipe a esses programas), as teorias mcluhanianas são "baseadas na análise dos meios de comunicação como fenômenos estéticos, considerando-se o eixo formado pelo canal, pela mensagem e pelo receptor, entendendo que a forma de comunicação determina seu conteúdo".[38]

Muito embora o otimismo de McLuhan possa refletir certo distanciamento da realidade presente, as influências tecnológicas midiáticas no processo de manipulação comunicacional são inegáveis. A comunicação, a educação, o entretenimento, a política, a economia, a cultura e tantos outros campos utilizam-se cada vez mais da linguagem tecnológica, o que faz com que a cidade se transforme em uma espécie de extensão do mundo da televisão. Metrópoles como São Paulo, Nova York, México, Rio de Janeiro, etc., têm seu cotidiano vazado pelo formato estético do videoclipe – fast-foods, outdoors, busdoors e mídias eletrônicas configuram-se simetricamente à linguagem multimídia televisiva. Sobre a influência da televisão na vida das pessoas, Kerckhove diz que a "televisão modula as nossas emoções e as nossas imaginações de uma maneira comparável ao poder da música. Por isso o videoclipe é naturalmente uma criatura televisa".[39]

De fato, as novas tecnologias permitem pensar na efetiva interatividade – um bom exemplo são os telecomputadores,[40] mas toda essa estrutura comunicacional está anco-

---

[38] Cf. Philadelpho Menezes, "Teorias da comunicação na globalização da cultura", em Ladislau Dowbor et al. (orgs.), *Desafios da comunicação*, cit., p. 118.
[39] Cf. Derrick Kerckhove, *A pele da cultura* (Lisboa: Relógio D'Água, 1997), pp. 48-49.
[40] Telecomputador: aparelho de conexão a distância, ligado a um grande número de pessoas simultaneamente, transmitindo em tempo real. "As pessoas podem realmente falar umas com as outras, podem agir. Tudo que era estú-

rada num sistema capitalista que luta pelo poder da mesma maneira com que se lutou pelo acúmulo de terras na época agrária e pelas chaves das fábricas na era industrial. Embora estejamos numa nova era, relações de poder econômico estão muito arraigadas às bases do passado. A luta pelo domínio tecnológico e dos meios de comunicação torna-se a nova ordem econômica.

Além de a pesquisa tecnológica estar concentrada nos países pertencentes à Organização de Cooperação e Desenvolvimento Econômico (OCDE), a estrutura política e econômica da teia de poder dos meios comunicação está nas mãos de uma dúzia de grandes conglomerados pertencentes a esses países.[41] Há ainda grande risco de o direito de uso das freqüên-

---

pido na televisão torna-se extremamente inteligente com o telecomputador."
Ibid., p. 89.

[41] Em seu livro, Moraes faz o mapeamento da rede econômica em que se estruturam os meios de comunicação, apresentando interessantes dados numéricos: "As dez primeiras no ranking de mídia e entretenimento figuram entre as quinhentas maiores companhias do mundo, com receitas anuais entre 5 bilhões de dólares e 25 bilhões de dólares. Conforme McChesney, por ordem de faturamento, são: Time Warner, Disney, Bertelsmann, News Corporation, Viacom, Sony, TCI, Universal, Polygram e NBC. Apenas três não estão baseadas nos Estados Unidos: a alemã Bertelsmann, a anglo-holandesa Polygram e a japonesa Sony". Ver Dênis de Moraes, *Planeta mídia* (Campo Grande: Letra Livre, 1998), p. 72.

Sobre a concentração dos meios de comunicação no Brasil, Dowbor descreve a situação da seguinte maneira: "No nível brasileiro, ocorrem os mesmos fenômenos, só que dão a impressão de serem vistos através de uma lente de aumento. Grande parte da história do nosso século está ocupada pelo poder truculento e mesquinho de Assis Chateaubriand, com seus Diários Associados. Hoje, esse estilo de poder apresenta-se com aparências um pouco mais discretas através de Roberto Marinho, o jornalista, e algumas famílias mais. É interessante percorrer as conexões de mídia dos *donos do poder*, artigo de capa da revista *Carta Capital*: Aloízio Alves, do Rio Grande do Norte, ex-governador e ex-ministro, é dono do Sistema Cabugi de Comunicações (Globo); Albano Franco, de Sergipe, ex-presidente da Confederação Nacional da Indústria, tem a TV Sergipe (Globo) e a TV Atalaia (SBT); Antonio Carlos Magalhães tem seis emissoras de TV na Bahia (filiadas à Globo); Osvaldo de Souza Coelho, de Juazeiro, deputado federal e ex-secretário da Fazenda, é sócio majoritário da TV Grande Rio (Globo); o ex-presidente da República José Sarney controla, segundo o artigo, 'a TV Mirante (Globo) e quatro emissoras de rádio em nome dos filhos. Outras duas emissoras de TV – Itapicuru e Imperatriz (Globo) – e três de rádio, que embora em nome de terceiros, têm cias de transmissão ficar definitivamente nas mãos desse pequeno grupo, no lugar da concessão. Rifkin faz um relato dos fatos nos Estados Unidos:

> A sugestão de demarcar as freqüências de espectro na forma de propriedade privada foi feita pela primeira vez pelo advogado Leo Herzel na década de 1950, em artigo publicado na *University of Chicago Law Review*. Na década de 1990, a idéia foi retomada pela Progress and Freedom Foundation, um grupo de pensadores de Washington com vínculos estreitos com o ex-porta-voz republicano da U.S. House of Representatives Newt Gingrich. A fundação afirma que a indústria de informação global deve ser um mercado de três trilhões de dólares no início do século XXI. No entanto, eles alegam, os estatutos do governo e o regime regulador agora em vigor foram estabelecidos da década de 1930 e são tão antiquados e desatualizados que constituem um empecilho à inovação. O grupo de pesquisadores cita que se chamam de procrastinação as demoras infindáveis na atribuição de freqüências e na concessão de licenças, o que, segundo eles, abala o espírito empreendedor.[42]

Assim, o determinismo tecnológico preconizado por McLuhan nas relações sociais, econômicas, políticas, culturais, etc. tem seus limites. Basta observar a infra-estrutura comunicacional contemporânea mundial. Os 520 bilhões de dólares investidos pelos 29 países-membros da OCDE no desenvolvimento tecnológico conseguiram, de um lado,[43] que a fabricante de computadores Dell realizasse 90% dos processos operacionais, comerciais e administrativos on-line; que empresas como a HP, a IBM, a Sun Microsystem e a Oracle reorganizassem seus processos e produtos em torno da in-

---

o mesmo endereço da TV Mirante, e ainda o jornal *O Estado do Maranhão'*. Lembremos ainda que o ex-presidente Fernando Collor era também vinculado à Globo de Alagoas. O slogan da rede Globo, repetido incansavelmente, é rigorosamente verdadeiro: 'Quem tem Globo, tem tudo'". Ver Ladislau Dowbor, *A reprodução social*, cit., pp. 287-288.

[42] Cf. Jeremy Rifkin, *A era do acesso*, cit., p. 185.
[43] Cf. Manuel Castells, *The Internet Galaxy*, cit.

ternet; que, segundo um estudo da Berkeley University of California, o meio tecnológico possa disponibilizar hoje 550 bilhões de documentos na web, sendo 95% com acesso do público. De outro lado, segundo dados do *Relatório do Desenvolvimento Humano 2001*, os países-membros da OCDE têm 80% dos usuários da internet em todo mundo; 90% dos lugares que disponibilizam na rede têm custo médio de acesso ao usuário de 30 dólares mensais – apenas 2% dos indianos podem ter esse gasto, ao passo que, na Finlândia, nos Estados Unidos e na Suécia, em 2000, a cada 1.000 pessoas, aproximadamente 150 tiveram anfitriões na internet; em países marginalizados como a Nicarágua, o Paquistão, o Senegal, o Quênia e o Nepal, essa cifra não chega a 1%; em 2000, os três países – Finlândia, Estados Unidos e Suécia – tiveram cerca de 1.148 telefones por mil habitantes; já na Nicarágua, no Paquistão, no Senegal, no Quênia, no Nepal, na Tanzânia, no Sudão e em Moçambique, a média foi 17; Moçambique, por exemplo, tem 5 telefones para cada 1.000 habitantes. Em suma,

> os 24 países da OECD – as nações mais ricas do mundo – representam menos de 15% da população do mundo, mas respondem por 71% de todas as linhas telefônicas. Juntos, a Europa e os Estados Unidos possuem 2/3 das emissoras de rádio e TV do mundo, embora representem apenas 20% da população global.
> [...] O lugar mais "plugado" no mundo é a ilha de Bermuda. Com suas empresas de seguros, corretoras de investimentos e escritórios de contabilidade à beira-mar, ela se tornou o mercado protótipo no novo mundo comercial de comunicações eletrônicas. Enquanto isso, a África representa o outro extremo – continente praticamente desconectado da economia de rede global. A África tem apenas 37 aparelhos de televisão e 172 rádios por 1.000 pessoas, um contraste gritante com a América do Norte, onde há 798 aparelhos de televisão e 2.017 rádios para cada 1.000 pessoas.[44]

---

[44] Cf. Jeremy Rifkin, *A era do acesso*, cit., p. 188.

Os dados ilustram um cenário de conflitos entre avanços significativos e uma estagnação considerável no processo comunicacional para a maior parcela da sociedade. Por outro lado, é visível que os avanços tecnológicos comunicacionais podem exercer grande força no acesso à informação, contribuindo nas áreas de saúde, educação, bens, serviços, etc., desde que estruturados de maneira mais coerente.

Trata-se de acelerarmos o processo de inclusão social tecnológica numa dinâmica mais ampla. No Brasil, por exemplo, onde, de um lado, apenas aproximadamente 17% da população possui acesso à rede internet, do outro, em quase 98% das famílias há televisores. Ao definirmos a plataforma digital de televisão com tecnologia brasileira, estamos também abrindo a possibilidade de que, com um simples decodificador, similar ao dos televisores a cabo, praticamente 100% da população brasileira tenha acesso à rede internet com desempenho de banda larga, isto é, com uma velocidade no acesso que permite trafegar som e imagens na rede.

Com a apropriação tecnológica comunicacional pelo conjunto da sociedade, o passo seguinte é reorientarmos a dinâmica mercadológica local e global com base em conceitos de responsabilidade e sustentabilidade para com o planeta. Isso quer dizer que não faz sentido, por exemplo, brigarmos contra a pirataria de softwares, CDs, filmes e livros praticados na internet. O que temos de encontrar são as formas de regular os procedimentos comerciais na rede com conceitos diferentes daqueles da era industrial. Isso não significa eleger "donos" para a rede, mas sim definir regras de uso dela a partir de discussões entre os Estados e a sociedade civil organizada. A retórica de que regular o uso da rede pela sociedade pode tirar o espírito democrático é falseador; ao contrário, é a desregulamentação que alimenta o discurso daqueles que não querem que a informação e o conhecimento sejam livres.

A repressão ao uso da rede como forma de aquisição de música é um bom exemplo de que a falta de regulamentação fortalece o interesse daqueles que querem manter a estrutura mercadológica da era industrial. Cláudio Prado, coordenador de Políticas Digitais do Ministério da Cultura, na entrevista concedida à revista *ARede*, quando perguntado sobre qual a vantagem do uso da conexão em banda larga para o acesso à internet, traz uma análise interessante que colabora com a nossa questão.

> Imagine caminhões levando troncos para uma fábrica de celulose, outros que levam celulose para fábricas de papel, outros transportam químicos para fazer plásticos, que, por sua vez, serão transportados para as fábricas onde a música chegou pela internet para ser impressa em CDs. Mais toneladas de gasolina, horas de trânsito e fumaça vão transportar tudo isso para distribuidores e lojas de discos. Pela banda larga, com um clique, tudo chega diretamente a quem quiser ouvir.[45]

Concluindo, em termos teóricos, a sociedade em rede de Castells e a aldeia global de McLuhan se concretizaram, ou seja, já dispomos de recursos tecnológicos para uma estrutura horizontal de comunicação, no lugar do modelo vertical fordista da era industrial. Contudo, a prática tecnológica comunicacional está longe de se efetivar para a maioria da população mundial. Até aqui, o avanço tecnológico reforça o acúmulo de riqueza. Com o uso das tecnologias, potencializa-se a produção capitalista de sentidos. Trata-se de reconhecer as tecnologias como facilitadoras de todo o processo social, econômico, político e cultural, ou seja, como poderosos meios comunicacionais, mas não como fins. As novas tecnologias permitem a criação, a simulação e a projeção de estilos de vida e a reconstrução de experiências, o que dá suporte a todo

---

[45] Cláudio Prado, "O cavaleiro multimídia da terceira geração", em *ARede: Tecnologia para Inclusão Social*, 1 (2), São Paulo, 15-5-2005.

o discurso tecnológico do marketing. No entanto, da mesma forma que se enfraqueceu a crítica frankfurtiana sobre a manipulação dos indivíduos pela indústria cultural, demandando ressignificações para o momento contemporâneo, fragiliza-se em face das demais teorias o determinismo tecnológico quando preconiza uma relação dicotômica. Assim, o que enriquece a reflexão sobre a prática da comunicação e do marketing é a constituição de um olhar multifacetado que contemple os aspectos culturais, sociais, psicológicos e tecnológicos do fenômeno. O marketing opera com inúmeros recursos para a persuasão e sedução dos indivíduos ao consumo. Com a tecnologia comunicacional, os elementos novos são o refinamento e a velocidade com que se realizam as ações comerciais.

A fábrica de sentidos

Cada vez mais a propaganda é fundamental no processo de gerenciamento do marketing nos diversos setores – educação, saúde, lazer, bens e serviços, entre outros. Os 435 bilhões de dólares/ano gastos em publicidade representam quase o PIB do Brasil, a décima primeira economia do mundo. Esse montante viabiliza os anúncios publicitários que permeiam nossa vida cotidiana. Logo de manhã, nos grandes centros urbanos, quando abrimos as cortinas, com os primeiros raios de sol, adentram o nosso espaço as fotografias gigantes dos outdoors, oferecendo as mais variadas mercadorias; do pesado pacote do jornal diário, deslizam panfletos de supermercados; a televisão, além dos curiosamente chamados *intervalos*, impõe inserções publicitárias na própria programação. Nesse mercado de "mil e uma utilidades", tudo se vende.

Pelos diversos elementos recolhidos até aqui para essa discussão – que mostram que o marketing da atualidade passa a sistematizar a circulação da produção de sentidos a serem vinculados aos bens de serviços –, chegamos ao momento de delimitar concretamente as considerações que sustentam essas afirmações. Para isso, partiremos do conceito de tecnologização do discurso a que nos referimos antes. A princípio, recorreremos a Fairclough para definir a expressão tecnologização do discurso. O autor menciona a tendência de controle que a sociedade moderna exerce sobre a vida das pessoas. Citando Habermas e Foucault, afirma que

> Habermas descreveu isso em termos da colonização do "mundo da vida" pelos "sistemas" do Estado e da economia [...] Foucault também aborda essa tendência geral, catalogando as "tecnologias e as técnicas" que estão a serviço do biopoder moderno.
>
> Esses tecnólogos incluem membros de departamentos de ciências sociais da universidade: exemplos bem estabelecidos são a pesquisa e o treinamento em "habilidades sociais" realizados por psicólogos sociais. Os que são direcionados para o treinamento em tecnologias discursivas tendem a ser professores, entrevistadores, publicitários e outros "porteiros" e detentores de poder, e as tecnologias discursivas são geralmente planejadas para ter efeitos particulares sobre o público (clientes, fregueses, consumidores) que não está treinado nisso.
>
> As tecnologias discursivas estabelecem uma ligação íntima entre conhecimento sobre linguagem e discurso e poder. Elas são planejadas e aperfeiçoadas com base nos efeitos antecipados, mesmo nos mais apurados detalhes de escolhas lingüísticas, no vocabulário, na gramática, na entonação, na organização do diálogo, entre outros, como também a expressão facial, o gesto, a postura e os movimentos corporais. Elas produzem mudanças discursivas mediante um planejamento consciente. Isso implica acesso de parte dos tecnólogos ao conhecimento sobre a linguagem, o discurso e a semiose, e ainda ao conhecimento psicológico e sociológico. É previsível que cada vez mais haja expectativa de que os analistas de discurso e os lingüistas fun-

cionem como tecnólogos do discurso ou tornem os resultados de suas pesquisas disponíveis a eles.[46]

As considerações de Fairclough podem esclarecer o mecanismo de funcionamento do marketing. Diferentemente do período em que o marketing se apoiava apenas em ciências como a matemática, a economia, a sociologia e a psicologia para dar conta do processo de manipulação do consumo, hoje a tecnologização do discurso passa a ser o elemento que organiza e determina todo o processo. Não se esvaziam os outros recursos de sedução e persuasão do consumidor, mas, pela tecnologização do discurso, os sentidos são construídos nos textos, nas imagens e nos sons, afetando o receptor. Dito de outra maneira, os "porteiros" de Fairclough, revestidos de seu poder econômico, selecionam, por intermédio dos tecnólogos, o formato e o conteúdo do discurso. De forma comodificada e interconectada, o discurso é construído no plano emocional, informativo, lúdico, crítico, enfim, de acordo com o repertório da prática social dos agentes envolvidos (produtor, receptor e meio). Ao introduzir a questão do discurso, Fairclough ultrapassa os limites da lingüística; para ele, "o discurso é uma prática não apenas de representação do mundo, mas de significação do mundo, constituído e construindo o mundo em significado".[47] Construir ou analisar o discurso exige uma inserção na prática social de que ele participa. No que concerne ao marketing, o discurso contribui para a constituição da identidade do "mundo" que se busca vincular ao bem ou serviço.

Além do aporte teórico de Fairclough para explicar a prática do marketing, recorremos também ao modelo semiótico proposto por Semprini no livro *Le marketing de la marque* e por

---

[46] Cf. Norman Fairclough, *Discurso e mudança social* (Brasília: UnB, 2001), pp. 264-265.
[47] *Ibid.*, p. 91.

Jean-Marie Floch no livro *Sémiotique, marketing et comunication. Sous les signes, les stratégies*. Nessas obras, os autores mostram como se engendra o discurso do marketing. Semprini concebe a marca como elemento de análise do marketing, sugerindo que ela é o motor semiótico que produz sentidos, possibilitando a circulação de bens e serviços. A figura 2 mostra os três aspectos da formação do discurso apontados por Fairclough.

Figura 2 – A gênese semionarrativa da identidade de uma marca

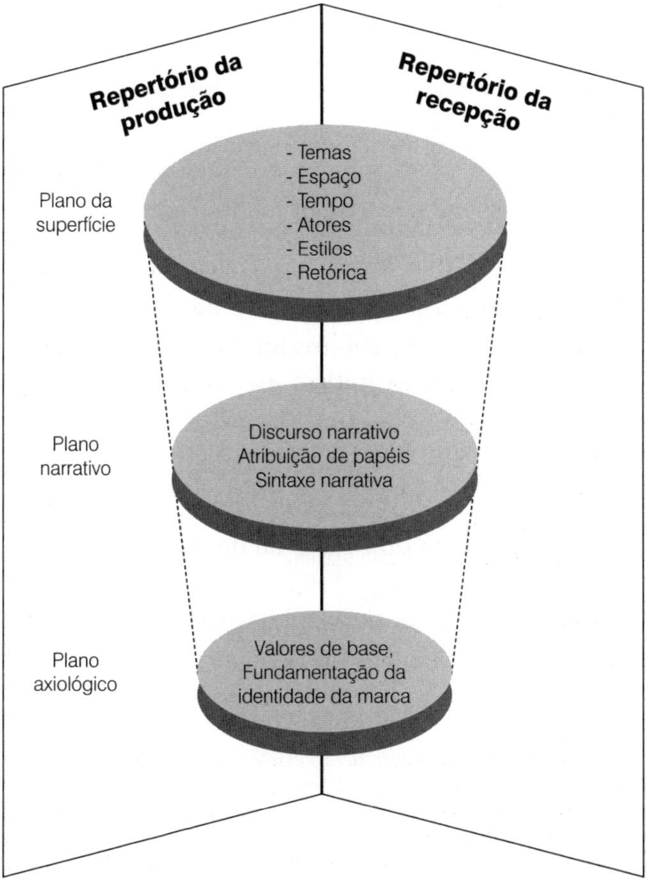

Repertório da produção | Repertório da recepção

Plano da superfície
- Temas
- Espaço
- Tempo
- Atores
- Estilos
- Retórica

Plano narrativo
Discurso narrativo
Atribuição de papéis
Sintaxe narrativa

Plano axiológico
Valores de base,
Fundamentação da
identidade da marca

Fonte: Andrea Semprini, *El marketing de la marca* (Barcelona: Paidós, 1995), p. 81.

A figura 2 apresenta sinteticamente o processo de produção de sentidos pelo marketing. No plano axiológico, os elementos culturais (crenças, valores e mitos) fornecem as possibilidades de sentidos para determinado produto ou serviço. No plano narrativo, aparecem as definições do conteúdo informativo, bem como a estruturação dos atores (herói, princesa, bandidos) que participarão da história construída. No plano superficial articulam-se os *sentidos* à ação propriamente dita: selecionam-se recursos temáticos de espaço, tempo, personagens, relações e paixões para a construção do discurso.[48] Com essa estrutura discursiva forjam-se as estratégias de marketing. Os mecanismos de sedução e persuasão são perpassados pela simulação de experiências cotidianas do público. Os valores, as tramas, os personagens, o local e o tempo são formulados como se fossem uma exibição cinematográfica que sensibiliza os indivíduos por identificação ou rejeição.[49]

Como bem aponta Rifkin:

> Com esses conceitos, constroem-se os discursos que criam modos de vida. Esse novo mundo não é objetivo, mas contingente, não é formado de verdades, mas de opções e cenários. É um mundo criado pela linguagem e unido pelas metáforas e significados compartilhados e aceitos, todos os quais podem mudar e mudam com o passar do tempo. A realidade, ao que parece, não é algo que herdamos, mas algo que criamos inteiramente e a que conferimos a existência.[50]

Fairclough também desvenda as técnicas de construção de estilos de vida utilizadas pelos publicitários:

---

[48] Para consultar conceitos sobre níveis axiológico, narrativo e superficial, ver Andrea Semprini, *El marketing de la marca*, cit., pp. 82-23.
[49] Para o uso das ferramentas semióticas na análise da construção de marcas, ver Hélio Silva, *A construção do marketing na era da comunicação: o papel das tecnologias comunicacionais/discursivas*, tese de doutorado em comunicação e semiótica (São Paulo: PUC, 2003).
[50] Cf. Jeremy Rifkin, *The Age of Access* (Nova York: Tarcher, 2000), p. 158.

A publicidade é discurso "estratégico" por excelência, em termos da distinção feita por Habermas entre linguagem "estratégica" e "comunicativa" (1984). É uma questão de construir "imagens" noutro sentido – modos de apresentar publicamente as pessoas, as organizações e as mercadorias e a construção de identidades ou personalidades para elas. As condições de mercado contemporâneas requerem que séries de empresas comercializem produtos bem semelhantes; para estabelecer seus produtos como diferentes, sua identidade tem de ser construída. Ao mesmo tempo, as categorias de potenciais compradores freqüentemente não são explicáveis em termos de grupos sociais existentes independentemente do segmento social (classe, grupo regional e étnico, gênero, etc.): eles também têm de ser construídos no discurso. E assim também ocorre com os produtores e vendedores do produto, cuja imagem tem de ser feita para harmonizar com imagens do produto e de seus consumidores potenciais. Produtor, produto e consumidor são reunidos como co-participantes de um estilo de vida, uma comunidade de consumo (Leiss, Kline e Jhally) que a publicidade constrói e simula.

O que os publicitários obtêm das imagens visuais é sua capacidade de evocar na simulação de estilo de vida, capacidade que é geralmente mais poderosa e imediata que a da língua. Se uma imagem visual funciona, pode criar instantaneamente um mundo que consumidores potenciais, produtores e produtos podem conjuntamente ocupar, antes que os leitores possam ler (ou os telespectadores ouvir) a linguagem da publicidade. Desse modo, a maioria das fotografias nesse prospecto da universidade apresenta alunos fazendo coisas (sentados em aula, utilizando equipamentos, conversando, etc.), oferecendo aos alunos potenciais um ambiente físico e social no qual eles podem se encaixar segundo a imaginação. A foto no exemplo reproduzido não apresenta as atividades dos alunos, mas oferece um ambiente natural de uma beleza fora do comum para os alunos potenciais ocuparem imaginariamente (passando um ano numa universidade americana como parte do curso). A imagem visual projeta uma imagem para o "produto", isto é, o esquema do curso, e para o aluno potencial como parte dele.[51]

---

[51] Cf. Norman Fairclough, *Discurso e mudança social*, cit., pp. 259-260.

As citações de Rifkin e Fairclough reiteram nossas convicções sobre a força da construção do discurso nas atividades do marketing. A produção de sentidos permeia todas as ações do marketing, tornando os bens ou serviços cada vez mais objetos de análise dos tecnólogos da construção do discurso. Administrar a circulação de um bem ou serviço requer mais que comunicá-lo como produto de consumo: demanda construir de maneira imagética os diversos sentidos que podem seduzir e persuadir os consumidores.

Marketing social

Aproximadamente 1,1 bilhão de pessoas no mundo estão excluídas da possibilidade de acesso a bens e serviços básicos, e os recursos naturais do planeta encontram-se em processo avançado de esgotamento; é-nos forçoso, portanto, repensar as políticas de livre mercado, de sistema de produção, de formação de preço, de distribuição e de comunicação. A proposta não é sistematizar um novo modelo conceitual de administração mercadológica para substituir os já consolidados pelos especialistas de marketing, mas apontar aspectos importantes da complexidade das demandas na gestão mercadológica contemporânea.

A responsabilidade nas ações de administração mercadológica exige um referencial diferente daqueles com que se trabalha hoje. Não se pode separar o econômico do social, e a mera inclusão desse debate como ferramenta para a formação de um plano de marketing não resolve nossa questão.[52] Propomos pensar as áreas sociais – educação, saúde, lazer, meio ambiente – como objetivo final dos planos de marketing, e não mais como ferramentas que colaboram na alavancagem do desempenho econômico das organizações. As áreas sociais

---

[52] A inserção das análises ambientais, culturais e sociais nos modelos de desenvolvimento dos planos de marketing faz parte das propostas da grande maioria dos especialistas. Porém, tais reflexões compõem meramente recursos para análises de cenário, como o ambiente econômico, o tecnológico, o legal, etc. Ou seja, utilizam-se, na elaboração de planos de marketing, como meio para atingir os objetivos das organizações, e não como fim.

devem ser tratadas horizontalmente nas estratégias de administração mercadológica. Dedicar um capítulo de um livro de marketing às questões do meio ambiente, saúde, lazer, etc., não é o bastante: é preciso programar todo o percurso da administração mercadológica com foco na sustentabilidade do planeta, sem o que, afinal, nada mais faz sentido.

Segundo o discurso hegemônico neoliberal, investimentos em educação aprimorariam a formação dos indivíduos e, em conseqüência, aumentariam a produtividade no trabalho, levando ao aumento do PIB, à distribuição da riqueza entre todos e, enfim, à melhoria na qualidade de vida. Esse discurso não se sustentou. Em 1990, com a publicação do *Relatório do Desenvolvimento Humano* (PNUD), tornou-se claro que crescimento econômico não garante desenvolvimento humano. Ao contrário: os resultados demonstram que piorou a qualidade vida da maior parte da população mundial, com distanciamento profundo entre aquilo de que a humanidade precisa e aquilo que é produzido pelo sistema capitalista contemporâneo. Para confirmar tal situação basta verificarmos os dados do *Relatório do Desenvolvimento Humano 1998* sobre a situação do consumo no mundo.[53]

Propostas de desenvolvimento responsável, isto é, includente, sustentável e sustentado pelos arranjos locais;[54] de um mundo pós-corporativo com liberdade responsável, mercados conscienciosos e democracia econômica;[55] e de uma "economia verde" com indicadores de crescimento para além do PIB, como saúde, nutrição, desenvolvimento infantil, qualida-

---

[53] Programa das Nações Unidas para o Desenvolvimento, "The World's Priorities? (Annual Expenditure)", *Human Development Report 1998* (Nova York: Osford University Press, 1998), p. 41.
[54] Cf. Ignacy Sachs, *Desenvolvimento includente, sustentável e sustentado* (Rio de Janeiro: Garamond, 2004).
[55] Cf. David C. Korten, *O mundo pós-corporativo: vida após o capitalismo* (Petrópolis: Vozes, 2002).

de de ar e água,[56] precisam ser incorporadas como objetivos finais dos planos de marketing.

Um bom exemplo que revela ser possível outra dinâmica mercadológica é citado pelos especialistas em estratégia C. K. Prahalad e Stuart L. Hart, ao abordarem a idéia de um capitalismo mais inclusivo, que atenda os consumidores de baixa renda. Trata-se do caso da empresa Arvind, que lançou na Índia um kit com todos os componentes necessários para fabricar o jeans, incluindo tecido, zíper, ferragens, ao preço de 6 dólares, enquanto o custo dos fabricantes convencionais era por volta de 40 a 60 dólares. Os resultados foram significativos, colocando os jeans da Arvind como os mais vendidos na Índia, ultrapassando de longe a Levi's e outras marcas norte-americanas e européias.[57]

Os desafios à construção de conceitos de administração mercadológica para uma gestão em áreas sociais apresentam novos paradigmas. No lugar de "livre mercado", precisamos de um sistema regulatório global que privilegie o setor produtivo de bens e serviços com custos aceitáveis para atender às demandas de que falamos anteriormente. O desenvolvimento, a produção e a logística de distribuição do produto devem ser orientados ao uso responsável dos recursos naturais, visando o bem coletivo. Por fim, a comunicação deve ocorrer com o intuito de munir os indivíduos de informação sobre bens e serviços, e não para os manipular.

Neste capítulo que antecede nossas considerações finais, nos esforçaremos por demonstrar a importância de uma reorganização dos conceitos mercadológicos que atenda prio-

---

[56] Cf. Hazel Henderson, *Construindo um mundo em que todos ganhem* (São Paulo: Cultrix, 2000).
[57] Cf. Coimbatore Krishnarao Prahalad & Stuart L. Hart, "O pote de ouro na base da pirâmide", em *HSM Management,* São Paulo, maio-jun. de 1998, p. 20.

ritariamente às demandas sociais, até porque, como veremos a seguir, são áreas que crescem em termos de investimentos econômicos, com percentuais bem superiores aos dos setores produtivos.

Gestão social

Abordar os setores sociais é tratar de aproximadamente 45% do PIB dos Estados Unidos. Setores como indústria e comércio perdem cada vez mais sua relevância econômica para áreas como educação, saúde, lazer, meio ambiente, etc.

Aplicados aos setores sociais, os conceitos de marketing diferem quase nada das práticas do setor produtivo de bens e serviços. Hamish Pringle e Marjorie Thompson, por exemplo, definem marketing social como forma efetiva de melhorar a imagem corporativa, diferenciando produtos e aumentado tanto as vendas quanto a fidelidade.[58] Para os autores, as causas sociais são diferenciais que podem agregar valor às marcas das corporações. Kotler, da mesma maneira, conforme apontado anteriormente, reconhece que a educação é um negócio como outro qualquer. Ou seja, a maioria dos especialistas de marketing trata a discussão dos setores sociais de maneira similar à dos demais setores.

Nossa provocação não se dirige à separação entre a gestão dos setores sociais e a dos demais setores, até porque educação, saúde, lazer e meio ambiente fazem parte das agendas de gestão das corporações. Nosso propósito é chamar a atenção para o deslocamento econômico que apontamos anteriormente, exigindo conceitos e ferramentas diferentes das usuais, ancoradas tão-somente na produtividade de bens e

---

[58] Ver Hamish Pringle & Marjorie Thompson, *Marketing social: marketing para causas sociais e construção das marcas* (São Paulo: Makron Books, 2000).

serviços. Em resumo, propomos que se considere nos conceitos de marketing a sustentabilidade econômica, social, cultural e ambiental, e não apenas a vantagem econômica de quem produz.

Meio ambiente

Conferências das Nações Unidas sobre meio ambiente realizadas em Estocolmo, em 1972, e no Brasil (Eco 92), em 1992, promoveram um campo de discussão inesgotável acerca da preocupação com a sustentabilidade do planeta. Especialistas de diversos campos do conhecimento – Hazel Henderson, Jeremy Rifkin, David Korten, Ladislau Dowbor, Ignacy Sachs, Fritjof Capra, Fábio Feldmann, Ibsen Câmara, José Goldemberg, José Veiga, etc. – incitam à discussão dos impactos ambientais que exerce sobre a humanidade o estilo de vida contemporâneo, engendrado pela dinâmica econômica dos países desenvolvidos.

Um dado que chama atenção é que cerca de 80% dos danos ao meio ambiente são provocados por 1,1 bilhão de superconsumidores de todo o mundo.[59]

Já são evidentes os resultados negativos do superconsumo dos recursos naturais. No campo energético, por exemplo, estima-se em cerca de 1,6 milhão as mortes prematuras por ano, em virtude da exposição à poluição causada pela queima de combustíveis sólidos em ambientes fechados e pouco ventilados.[60] No setor de ciência e tecnologia, desde 1700, a proporção de CO_2 na atmosfera cresceu cerca de 30% – isso porque, se considerarmos somente os veículos de combustão interna, seu número aumentou de 50 milhões, em 1950, para

---

[59] Cf. David C. Korten, *Quando as corporações regem o mundo* (São Paulo: Futura, 1996), p. 318.
[60] Cf. José Goldemberg, "Energia", em André Trigueiro (org.), *Meio ambiente no século 21* (Rio de Janeiro: Sextante, 2003), p. 173.

500 milhões, em 1999, com conseqüente crescimento na emissão de CO_2.[61] Na agricultura, os dados também são alarmantes. Tome-se o Cerrado, por exemplo – segundo maior bioma brasileiro, atrás apenas da Amazônia, concentra nada menos que um terço da biodiversidade nacional e 5% da flora e fauna mundiais; no entanto, aproximadamente 80% das pastagens plantadas em áreas de cerrado no Brasil apresentam algum tipo de degradação.[62]

Dada a relevância do tema, uma nova agenda econômica apoiada na sustentabilidade do planeta já se pode visualizar em diversas facetas da sociedade. Os exemplos são inúmeros: as metas de desenvolvimento para o milênio,[63] construídas com a consonância entre a Cúpula de Johanesburgo e a Conferência sobre Financiamento e Desenvolvimento de Monterrey, e o tratado de Kioto, referente ao controle da emissão de gases no mundo, que entrou em vigor em 2005; a criação, no Brasil, de institutos como Ethos, Akatu e Instituto de Defesa do Consumidor (Idec), que exigem uma conduta responsável das corporações e dos indivíduos na produção e no consumo; tais iniciativas, enfim, têm ocupado até mesmo instituições fi-

---

[61] Cf. Ibsen de Gusmão Câmara, "Ciência e tecnologia", em André Trigueiro (org.), *Meio ambiente no século 21*, cit., p. 163.

[62] Cf. José Eli da Veiga, "Agricultura", em André Trigueiro (org.), *Meio ambiente no século 21*,cit., pp. 204-205.

[63] São oitos metas a serem atingidas até 2015: 1) Reduzir à metade o número de pessoas (estimado em 1,2 bilhão) que vivem com menos de um dólar por dia. 2) Alcançar a educação primária universal (113 milhões de crianças no mundo não vão à escola). 3) Promover a eqüidade de homens e mulheres (dois terços dos analfabetos do mundo são mulheres e 80% dos refugiados são mulheres e crianças) através da eliminação das disparidades de gênero na educação primária e secundária até 2005 e em todos os níveis até 2015. 4) Reduzir em dois terços a mortalidade de crianças com menos de cinco anos. 5) Reduzir em dois terços a mortalidade perinatal. 6) Combater a aids, a malária e outras doenças infecciosas, reduzindo à metade o número de novos casos. 7) Reduzir à metade o número de pessoas sem acesso a água potável e introduzir o conceito de desenvolvimento sustentável nas políticas públicas dos países-membros. 8) Desenvolver uma parceria global para o desenvolvimento, que inclui assistência oficial para o desenvolvimento, acesso a mercados e redução de dívida externa.

nanceiras internacionais: desde 2003, por exemplo, o Banco Mundial considera em seu relatório *World Development Indicators* a extração de recursos naturais como redução, e não mais aumento, da riqueza de um país.

Em termos econômicos, a indústria do meio ambiente apresenta números expressivos. Embora não se tenham dados estatísticos, sabe-se que no Brasil a reciclagem de plásticos, latas e papéis, por exemplo, emprega cada vez um número maior de pessoas. Além, é claro, de colaborar no processo de sustentabilidade do planeta – e, como muito bem aponta Korten, a reciclagem não somente reduz os custos ambientais da extração de recursos como também poupa energia.

> Produzir aço a partir de sucata requer apenas um terço da energia gasta para produzi-lo a partir do minério, diminui a poluição do ar em 85% e elimina os desperdícios da mineração. Compor os jornais com papel reciclado toma de 15% a 60% menos energia do que produzi-los com polpa de madeira virgem, enquanto diminui em 74% a emissão de poluentes no ar e em 35% os poluentes de água. O reaproveitamento produz ganhos ainda mais dramáticos. A reciclagem do vidro de uma garrafa reduz em um terço o consumo de energia, enquanto limpar e reaproveitar a própria garrafa pode poupar até 90% da energia requerida para fazer uma nova garrafa.[64]

Assim, o marketing deve ter seus conceitos reelaborados para garantir a sustentabilidade dos recursos naturais, isto é, desde a gestão da cadeia produtiva (projeto, produção e distribuição), passando pelo consumo, o reaproveitamento, a manutenção e, finalmente, o descarte.

Reconstruir os conceitos de ciclo de vida do produto

A saturação progressiva dos mercados na comercialização de bens e serviços faz com que as empresas diminuam

---

[64] Cf. David C. Korten, *Quando as corporações regem o mundo*, cit., p. 328.

cada vez mais o ciclo de vida dos produtos. A Sony, em 1995, introduziu aproximadamente cinco mil novos produtos no mercado; a Chrysler, que levava 54 meses para desenvolver seu carro K no final da década de 1970 e no início da de 1980, leva hoje menos de dois anos para entregar um carro novo.[65] Produtos que eram projetados para durar décadas têm seu ciclo de vida diminuído de forma exponencial.

As estratégias de marketing induzem ao consumo sem que haja uma preocupação com os impactos do sistema produtivo sobre o ambiente.[66] No Brasil, por exemplo, a Philips adotou como estratégia não fazer reparos em seus produtos seminovos, oferecendo ao cliente outro novo, equivalente, por um preço aproximadamente 40% mais baixo que o praticado no mercado varejista. Segundo o discurso empregado para seduzir o consumidor, isso configura "tratamento diferenciado para o cliente". Ora, o resultado dessa "promoção" é o crescimento do consumo de matérias-primas e do trabalho na cadeia produtiva, o que favorece o esgotamento dos recursos naturais do planeta, a redução dos recursos financeiros do indivíduo (que poderia utilizar esse dinheiro para satisfazer outra necessidade) e, por fim, o aumento dos lucros da própria Philips, que vende mais um equipamento e, dessa vez, sem gastar com distribuição.[67] O fator legitimador dessa estratégia de marketing é que a "promoção" atende ao desejo do consumidor. Movido por um discurso propagandísti-

---

[65] Cf. Jeremy Rifkin, *A era do acesso*, cit., p. 17.
[66] Exemplo do consumo exagerado de matérias-primas: "Durante um período de vinte anos, endossando os níveis atuais de reciclagem, a família típica americana 'consome' o equivalente a aproximadamente cem árvores em forma de papel-jornal. Entre 60% e 65% desse papel-jornal é dedicado à propaganda". Ver David C. Korten, *Quando as corporações regem o mundo*, cit., p. 327.
[67] Um caso que confirma essa estratégia de marketing da Philips foi relatado pelo Idec. A consumidora M. L. P. afirma que a Philips lhe ofereceu um novo DVD por 250 reais para substituir o seu, que foi encaminhado para conserto. A outra opção seria pagar aproximadamente 330 reais pelo reparo do seu equipamento. Ver *Revista do Idec*, São Paulo, dezembro de 2004, p. 6.

co segundo o qual levará vantagem em trocar seu aparelho eletrônico seminovo por outro mais "avançado", o indivíduo é seduzido pela ilusão de pertencer ao mundo dos inovadores, pois, afinal, está adquirindo um equipamento de "última geração". O consumidor, na verdade, não tem escolha – e, o mais grave, esse é o comportamento mercadológico da grande maioria das corporações.

No lugar da cultura do descartável, o momento exige um comportamento de responsabilidade com os recursos naturais e respeito aos consumidores. Manzini e Vezzoli,[68] por exemplo, trazem uma sistematização de uma cadeia de produção e consumo sustentável, que vai do desenvolvimento do projeto fabril até o descarte dos produtos. Vê-se, primeiro, a estrutura de montagem de uma fábrica; em seguida, o desenvolvimento do produto, realizado com insumos reutilizáveis; depois, um sistema de distribuição que otimiza os impactos ambientais do transporte; então, um processo de comunicação "limpo", fornecendo aos indivíduos informações sobre como se produziu o produto e a maneira adequada de uso; por fim, um investimento nas técnicas de manutenção e reutilização, de forma a aumentar o ciclo de vida dos produtos.

Os desdobramentos da proposta dos autores podem e devem ser objeto de reflexão aprofundada. Interessantes experiências – infelizmente, ainda poucas – vêm sendo realizadas. Os próprios autores citam alguns exemplos: o sistema hidráulico projetado por Huib van Glabeek que integra o lavatório, a válvula de descarga e a privada, reutilizando, assim, toda a água do lavatório; as cadeiras Ikea Air, constituídas de câmeras de ar infláveis que reduzem as quantidades de material empregado a 15% do que normalmente se utiliza

---

[68] Ver Ezio Manzini & Carlos Vezzoli, *O desenvolvimento de produtos sustentáveis* (São Paulo: Edusp, 2002).

em poltronas e divãs convencionais. O centro da questão é o deslocamento do foco das estratégias de marketing, freqüentemente voltado à maximização do lucro das corporações, para o lucro coletivo da sociedade.

O mercado da saúde

No setor da saúde, os desafios no campo de gestão são imensos. Com o envelhecimento da população mundial e o aumento da expectativa de vida, o setor da saúde torna-se cada vez mais relevante dos pontos de vista social e econômico. Nos Estados Unidos e na Alemanha, por exemplo, a área da saúde representa 14% e 12% do PIB, ou quase o dobro dos gastos com tecnologia da informação.[69] O Brasil gasta com saúde cerca de 90 bilhões de reais por ano. Os países pertencentes à OCDE gastavam em média 60 dólares por habitante em 1960; em 1990, esse número subiu para 1.286 dólares. Em termos sociais, os resultados não correspondem ao aumento dos investimentos. Se, por um lado, desenvolvemos programas de saúde muito bem-sucedidos – como o programa nacional brasileiro de doenças sexualmente transmissíveis (DST) e aids –, ainda não resolvemos, por outro lado, problemas básicos como a malária, a tuberculose, a mortalidade infantil por contaminação no consumo de água, etc.

Com o discurso capitalista da competitividade, da eficiência, do aumento da concorrência e da profissionalização nas organizações, o setor da saúde no Brasil sofre cada vez mais as pressões para obter resultados financeiros de curto prazo e com objetivos de acumulação de riqueza aos empreendedores do setor, próprio da dinâmica capitalista.

---

[69] Cf. Philip Kotler & Françoise Simon, *A construção das biomarcas globais* (São Paulo: Bookman, 2004), p. 20.

Com a mercantilização da área da saúde que se verifica em diversos países, entre os quais o Brasil, a doença torna-se o "público-alvo" do mercado, sendo que as estratégias de marketing desenvolvidas pela indústria de equipamentos médico-hospitalares, pela indústria farmacêutica e pelo sistema de saúde suplementar (planos de saúde, seguradoras, cooperativas de médicos, etc.) têm como foco principal expandir mercado – ou seja, promover doenças.

Na análise da administração mercadológica, é preciso discutir se o setor da saúde deve ser regido pela "livre concorrência". Países como Canadá e França, entre outros, praticam uma política contrária a esse discurso. A França, por exemplo, controla até a compra de equipamentos médico-hospitalares dos hospitais públicos e privados: o resultado é que, enquanto os Estados Unidos gastaram em 1998 62,2 bilhões de dólares[70] nesses equipamentos, a França gastou 4 bilhões de dólares.

Já o Brasil, sem nenhum tipo de regulação nesse sentido, despende aproximadamente 90 bilhões de reais em saúde por ano, dos quais 3,23 bilhões de reais se destinam à compra de equipamentos, sem contar os custos dos insumos, da manutenção e da mão-de-obra especializada para o funcionamento do setor. Segundo André Furtado e José Souza: "[...] estima-se que os equipamentos médicos representam algo em torno de 50% do custo de investimento de um hospital. Assim, para um hospital de quinhentos leitos gastam-se 80 milhões de dólares em equipamentos e mobiliários hospitalares".[71]

O mais grave é que o uso desses equipamentos é, muitas vezes, superdimensionado e mal distribuído. Belo Horizonte,

---

[70] Estatística divulgada pela U.S. Medical Technology Industry Fact Sheet.
[71] Cf. André Tosi Furtado & José Henrique Souza, "Evolução do setor de insumos e equipamentos médico-hospitalares, laboratoriais e odontológicos no Brasil: a década de 90", em Geraldo di Giovani & Barjas Negri (orgs.), *Brasil: radiografia da saúde* (Campinas: Unicamp, 2001), p. 74.

por exemplo, possui 45 tomógrafos para atender a aproximadamente 2,3 milhões de habitantes; já a cidade de Paris, com população aproximada de 2,4 milhões, possui apenas seis desses equipamentos.[72] A cidade de Santos é um bom exemplo dos custos para a sociedade que o uso descontrolado das tecnologias na área da saúde pode acarretar.

> Um estudo sobre o município de Santos mostra que foram utilizados equipamentos de radiação (terapia e diagnóstico) em cerca de 650 mil pessoas. De acordo com dados da Organização Mundial de Saúde (OMS), não deveria haver mais do que 150 mil pessoas irradiadas em relação à população do município. Segundo a OMS, a indicação de diagnóstico por imagem deveria ocorrer em 5% das referências em consultas ambulatoriais. Para o caso de Santos, o número de consultas em 1998 (incluindo emergências) foi de 1,4 milhão.[73]

O Brasil – das filas para consultas, dos exames de diagnósticos, das internações, etc. – possui: mais tomógrafos por habitante do que muitos países desenvolvidos; 1.570 mamógrafos, o suficiente para atender a 376,8 milhões de pessoas, aproximadamente o dobro da população brasileira;[74] 2,2 leitos para internação hospitalar por habitante em São Paulo, contra 0,5 nos Estados Unidos. Tudo aponta, enfim, para problemas de administração mercadológica.

Um bom exemplo de como o marketing pode contribuir para a avaliação mercadológica do uso da tecnologia no sistema de saúde, e não no mercado de doenças, encontra-se no quadro a seguir, que demonstra como o Canadá avalia suas técnicas de rastreamento de câncer cervical.

---

[72] Ver Said Jorge Calil, "Análise do setor de saúde no Brasil na área de equipamentos", em Geraldo di Giovani & Barjas Negri (orgs.), *Brasil: radiografia da saúde*, cit., p. 98.
[73] *Ibid.*, p. 99.
[74] *Ibid.*, p. 97.

Quadro 5 – Avaliação canadense das técnicas de rastreamento de câncer cervical

Objetivos	– Avaliar a efetividade do teste de Papanicolau. – Identificar diferentes estratégias para melhorar o teste de Papanicolau. – Calcular a relação custo-efetividade dos equipamentos de *re-screening*. – Identificar tecnologias emergentes.
Resultados	Cada caso anormal encontrado com a técnica de 10% de *re-screening* custa em torno de 250 dólares. Utilizando o equipamento AutoPap, o custo chega a 400 dólares. Com o equipamento PapNet, cada caso anormal encontrado a mais passa a custar 810 dólares. O PapNet é mais efetivo que o AutoPap (sensitivamente, de 83% *versus* 80%), mas apresenta custo bem maior. As técnicas de *re-screening* automático são mais eficazes, porém têm custo maior que as técnicas manuais. O custo por caso encontrado pela técnica AutoPap parece ser razoável, não sendo recomendável a utilização da técnica PapNet por apresentar custo bem superior para pequeno incremento da efetividade.
Conclusão	O estudo conclui que não basta aumentar a sensibilidade do exame com novas tecnologias, pois essas técnicas não afetarão a detecção do câncer do colo uterino nas mulheres que raramente fazem o exame ou que nunca o fizeram antes. A ênfase deve ser dada no recrutamento das mulheres de risco, evitando uma superutilização do exame por aquelas mulheres que o fazem regularmente. Recomenda-se que os investimentos em novas tecnologias de *re-screening* não afetem a estrutura básica de programas de prevenção, ou seja, recrutamento das mulheres que realmente precisam do exame, sistema de informação, treinamento e controle de qualidade do programa e dos exames.

Fonte: Canadian Coordinating Office for Health Technology Assessment, *CCOHTA Report* (Canadá: CCOHTA, 1997), p. 2E.

Pode parecer estranho sugerir que o marketing utilize esse tipo de ferramenta no lugar das tradicionais – "como vender mais tomógrafos e fidelizar os clientes", etc. Porém, em face dos dados apresentados, nota-se que o setor da saúde exige novos conceitos de administração mercadológica.

Outro setor que se beneficia da mercantilização da saúde é a indústria farmacêutica. Produtos com baixa elasticidade-preço atingem preços completamente absurdos, na medida em que pessoas com a saúde ameaçada não podem se privar deles. Geram-se assim escassez artificial, cartelização dos produtores e fixação dos preços em desastrosamente do ponto de vista da saúde. No Brasil, por exemplo, o reajuste acumulado dos remédios no período de 1984 a 1997 ficou 33,33% acima da inflação.[75] Nesse caso, a formação de preço dos produtos está apoiada na angústia dos doentes, e não nos custos de desenvolvimento de produto, produção industrial e marketing. Um artigo do *Le Monde Diplomatique* publicado na revista *Caros Amigos* colabora com o entendimento dessa questão ao relatar a gravíssima disseminação da aids na África, onde 1 em cada 6 adultos são soropositivos. Os 22 milhões de soropositivos africanos representam 65% dos portadores do vírus em todo o mundo. O artigo lembra a epidemia da peste que devastou a Europa entre 1347 e 1351, com uma irônica diferença: naquela época, não se sabia como enfrentar o flagelo. Hoje, a ciência tem condições de erradicar a epidemia. Países como a Tailândia desenvolveram medicamentos para o tratamento da aids, mas foram impedidos de comercializá-los por causa das pressões de laboratórios norte-americanos protegidos pela lei de patentes. E os depoimentos dos empresários do setor não são animadores. Bernard Lemoine, diretor do Sindicato Nacional da Indústria Farmacêutica, não esconde sua irritação com o tema. Ao ressaltar as ações positivas dos laboratórios, como redução de preços, concessão de drogas não utilizadas e auxílio a fundações, sustenta, inapelável: "Não vejo por que se exigiriam da indústria farmacêutica sacrifícios especiais. Ninguém pede à Renault que dê carros a quem não tem".[76]

Com a chegada da biotecnologia, nota-se o aprofundamento da dinâmica mercantil no setor. Estima-se que foram

---

[75] Cf. Sérgio Queiroz & Aléxis Gonzáles Velazquez, "Mudanças recentes na estrutura produtiva da indústria farmacêutica", em Geraldo di Giovani & Barjas Negri (orgs.), *Brasil: radiografia da saúde*, cit., p. 140.
[76] Ver Gilberto Vasconcellos, "O apartheid da saúde", em *Caros Amigos*, edição 23, São Paulo, 2000, p. 34.

movimentados 40 bilhões de dólares, em 2004, com a ciência da vida, fruto em grande parte das 480 transações de fusões e alianças entre a indústria farmacêutica e a da biotecnologia só em 2001.[77] Na inexistência de nova visão mercadológica que contemple os interesses coletivos da sociedade, os ganhos econômicos e sociais do uso da biotecnologia estão em risco. A questão das patentes é elemento importante a ser discutido. Rifkin cita um caso jurídico ocorrido na Califórnia que colabora para o entendimento da profundidade do problema:

> [...] Um empresário do Alasca, John Moore, descobriu que suas próprias partes do corpo haviam sido patenteadas sem o seu conhecimento ou consentimento. Moore tinha sido diagnosticado com um câncer raro e estava fazendo tratamento na Ucla. Na época, um médico e pesquisador que o atendia descobriu que o tecido do baço de Moore produzia uma proteína sangüínea que facilitava o crescimento de células brancas, que são valiosos agentes anticancerígenos. A universidade criou uma linhagem celular do tecido do baço de Moore e recebeu uma patente de sua "invenção" em 1984. O valor estimado da linhagem celular é de mais de 3 bilhões de dólares. [...][78]

O autor lembra ainda que, em 1998, pesquisadores da Universidade Johns Hopkins e da Universidade de Wisconsin, sob contratos de licenciamento com a Geron Corporation, empresa de biotecnologia, após conseguirem isolar e perpetuar células-tronco humanas, entraram com pedidos de patente que estão no aguardo de uma posição da Patent and Trademark Office (PTO). Se a patente for concedida, a Geron controlará a célula básica da vida humana durante vinte anos.

Com os avanços tecnológicos do setor, as possibilidades de melhora da qualidade de vida das pessoas são reais;

---

[77] Cf. Philip Kotler & Françoise Simon, *A construção de biomarcas globais*, cit.
[78] Cf. Jeremy Rifkin, *A era do acesso*, cit., pp. 58-59.

porém, se a dinâmica mercantil orientar essa trajetória, o abismo entre os que não possuem condições básicas de saúde e aqueles que buscam melhor qualidade de vida tenderá a aumentar. Observe-se que, dos 70 bilhões de dólares gastos globalmente em pesquisas sobre saúde, menos de 10% se despendem com pesquisas relativas a doenças que abrangem 90% da carga da saúde mundial – muito embora a maioria dos países mais pobres da África ofereça proteção às patentes desde 1984.[79]

Soma-se então como dinamizador das estratégias mercadológicas do setor da saúde no Brasil o sistema de saúde suplementar (privado). Vinte e dois por cento da população possui algum tipo de plano de saúde suplementar. Os gastos com o setor atingem aproximadamente 23 bilhões de reais por ano. Observe-se que o Sistema Único de Saúde (SUS) despende em torno de 67 bilhões de reais na saúde de 140 milhões de brasileiros, enquanto o setor privado gasta 23 bilhões de reais com 40 milhões de pessoas. E para aprofundar ainda mais a injustiça os gastos do SUS, cuja receita provém de impostos federais, estaduais e municipais não-progressivos, financiam 60% das cirurgias de alta complexidade e 90% dos transplantes e tratamentos de hemodiálise, inclusive para quem possui planos suplementares; além disso, entre os indivíduos que possuem planos suplementares, os que ganham de 2 a 3 salários mínimos tiveram, no período de 1987 a 1996, aumento médio nos custos de 47%, contra 14% na classe de rendimento superior a trinta salários.[80] É grande, ainda, a variação dos preços, que são formados pelas operadoras com base num sistema de faixas etárias. Em

---

[79] Cf. Kamal Malhotra, *Como colocar o comércio global a serviço da população* (Brasília: Ipea/Enap, 2004), p. 310.
[80] Dados divulgados pelo Instituto Brasileiro de Geografia e Estatística, *Pesquisa de Orçamentos Familiares* (Rio de Janeiro: IBGE, 1987).

1998, o preço para a primeira faixa etária era 14,4 vezes menor que o preço para a última.[81]

O melhor indicador do descontentamento das pessoas com o sistema de saúde suplementar é o triste primeiro lugar que as operadoras ocupam em reclamações no Idec.

A complexidade do setor exige respostas da sociedade civil e do Estado, a começar pela definição de políticas estratégicas. Que modelo de saúde queremos e podemos ter? O modelo tecnológico dos Estados Unidos – adotado pelo Brasil –, que privilegia a doença, e não a saúde, demonstra ser financeiramente insustentável e socialmente excludente, conforme os dados apresentados.

Enquanto isso, os especialistas de marketing se dedicam a discutir estratégias de fidelização dos clientes em planos de saúde, clínicas e hospitais. Acostumamo-nos a usar hospitais com cartão de relacionamento, maternidades com american bar ao lado do berçário, opções de cardápio com padrão de restaurantes internacionais, suítes de luxo ou tipo executivo – tal como nos melhores hotéis e motéis.

Nos consultórios médicos, as tecnologias como estratégias de marketing já fazem parte do cardápio dos diferenciais competitivos. O exame clínico tradicional é substituído por uma análise via banco de dados on-line, em que o médico se limita a digitar a seqüência genética das células sangüíneas do paciente, aguardando que a impressora emita a receita específica completa, com a indicação de remédios disponíveis no mercado. É tudo rápido: a consulta acontece em alguns minutos. Mas essa visão otimista do uso das tecnologias não vem animando médicos e pacientes. Flavio Correa Próspero,

---

[81] Ver Ligia Bahia, "O mercado dos planos de saúde no Brasil: tendências pós-regulamentação", em Geraldo di Giovani & Barjas Negri (orgs.), *Brasil: radiografia da saúde*, cit., p. 353.

presidente da Associação Brasileira de Qualidade de Vida, comenta, em artigo de Jomar Morais, que "em todos os setores a sofisticação tecnológica reduziu custos e aumentou a satisfação do cliente, exceto na medicina".[82] Segundo o artigo, hoje as pessoas buscam muito mais médicos que no passado, gastam pequenas fortunas com exames, estão quase sempre tomando algum remédio e, no fim, descobrem que não param de engordar a lista oficial de moléstias catalogadas – elas já somam trinta mil. Além disso, a tecnologia médica parece ter promovido o distanciamento entre o terapeuta e o paciente, desumanizando a prática profissional e abalando uma relação milenar de cura. A julgar pelo novo horizonte trazido pela farmacogenômica, esse fosso deverá se ampliar ainda mais quando as tais máquinas de prescrição se disseminarem efetivamente, "otimizando" os serviços.

O psiquiatra paulistano e doutor em psicossomática Wilhelm Kenzler afirma, ainda em artigo de J. Morais, que cerca de 85% dos exames solicitados pelos médicos apresentam resultados negativos e mais de 90% dos diagnósticos se resumem às siglas nada digno de nota (NDN) ou distúrbio neurovegetativo (ou *crise nervosa*) (DNV). Para o doutor Kenzler, isso se deve a três razões: despersonalização, tecnificação e mercantilização da medicina.[83]

As afirmações de Próspero e Kenzler vão, de certa forma, ao encontro de nossas discussões sobre a estrutura da prática do marketing. A despersonalização é fruto da produção em grande escala dos bens e serviços; a mercantilização é conseqüência do discurso da eficiência das práticas da competitividade pela iniciativa privada. Por fim, a tecnificação dos procedimentos médicos e hospitalares funciona de maneira muito

---

[82] Ver Jomar Morais, "A medicina doente", em *Superinteressante*, 15 (5), São Paulo, abr.-maio de 2001, pp. 48-52.
[83] *Ibidem*.

semelhante às tecnologias discursivas das estratégias do marketing. O trato mercadológico da saúde transfere as atividades de prevenção para um sistema de gestão de doenças. O deslocamento das atividades do médico, que antes diagnosticava por uma série de exames complementares – laboratório clínico, radiologia e exames cardíacos, entre outros – e, após a confirmação do diagnóstico, prescrevia o tratamento, pode acarretar, nessa gestão customizada da doença, mediante valor monetário periódico pago pelo usuário, alguns problemas sociais. Para um paciente com diabetes, por exemplo, a sedução exercida por uma organização que gerencie seu problema com médicos, exames, nutricionistas e exercícios físicos é muito atraente e eficaz no discurso. Para esse indivíduo, o imaginário de uma vida longeva, com liberdade alimentar e energia para desenvolver suas atividades cotidianas, é extremamente estimulante. Porém, quando o marketing atua na construção desse imaginário por meio de signos culturais, e quando essa ilusão se revela, os efeitos da frustração decorrente podem ser muito mais prejudiciais que a decepção pela compra de um automóvel, por exemplo. A substituição da relação humana médico-paciente pela técnica – computadores e softwares de diagnósticos – não parece o melhor caminho para o tratamento de doenças e doentes.

É importante destacar que, embora o conjuto dos atores envolvidos com a saúde esteja contaminado por esse modelo que coloca a saúde num plano secundário, a principal crítica que fazemos não se concentra nas ações dos médicos e profissionais da área, mas sim nas daqueles que estabelecem a lógica do funcionamento desse sistema. Por que prevenir doenças se elas garantem a produtividade dos exames complementares de laboratório, radiologia, ressonância magnética e a máxima utilização dos leitos hospitalares? Aplicam-se técnicas modernas da administração, como, por exemplo, o Just-intime (JIT), o Kanban – o cliente é o "rei"; a lógica de consumo é a mesma de outros setores: temos que atender nosso cliente para garantir sua satisfação e fidelidade. Ora, parece haver aí um equívoco; não se pode tomar a área de saúde como um setor que se dedica a satisfazer às necessidades do consumidor, muito menos a garantir sua fidelidade. O desafio é construir um sistema preventivo de saúde que promova condição de vida melhor aos indivíduos.

Educação

O setor da educação, da mesma maneira que o meio ambiente e a saúde, possui significativa representatividade econômica e social. Segundo dados da Unesco, em 2001, os gastos públicos com educação representaram 5% do PIB nos Estados Unidos, 5,5% na França e 3,7% no Brasil. Apesar do crescimento constante dos investimentos no setor, os desafios são imensos. No Brasil, por exemplo, apenas 15% da população concluiu o ensino superior, não obstante a grande expansão do setor privado nos últimos anos. De acordo com o Ministério da Educação e Cultura/Instituto Nacional de Estudos e Pesquisas Educacionais (MEC/Inep), tivemos em 2003 ociosidade de 5% nas vagas das universidades públicas e de 42,2% nas privadas. Isso demonstra que a curva de oferta e demanda não está seguindo estritamente os mandamentos econômicos. Eis a questão que emerge: será que um setor estratégico para o desenvolvimento econômico e social, como a educação, deve ser tratado com as mesmas ferramentas mercadológicas com que se opera nos setores produtivos?

Kotler afirma que as universidades competem por alunos, devendo fornecer o melhor serviço a esse cliente. Ora, tratar o aluno como cliente implica reorientações no que se concebe como educação. Esta se define necessariamente por ultrapassar o limite do benefício a um indivíduo, sendo tanto quanto possível um elemento de transformação – e melhoria – da sociedade. O economista Amartya Sen, prêmio Nobel de Economia, adota uma perspectiva instigante sobre a educação e o mercado. Para ele, a educação deve ser entendida como um bem público, ou seja, os benefícios da educação podem – e devem – transcender os ganhos da pessoa que a recebe. As pessoas que recebem educação são evidentemente beneficiárias diretas, mas, além disso, há um ganho social da comunidade, da coletividade. Sen afirma que, hoje em dia, alguns entusiastas do mercado recomendam aos países em desenvolvimento deixarem a educação para o livre mercado. Com isso, negam-lhes o processo de expansão educacional, crucial na pronta difusão da alfabetização na Europa, na América do Norte, no Japão e no Leste Asiático.[84]

Os resultados da mercantilização da educação – que promete ao "cliente" o acesso ao mundo do consumo e a realização profissional, ou seja, a conquista de um lugar de destaque na sociedade – podem ser observados no Brasil. As estruturas curriculares e metodológicas dos cursos superiores de administração de empresas, por exemplo, potencializam a reprodução das técnicas desenvolvidas para o suporte de uma sociedade cuja preocupação principal consiste na eficiência do que se está produzindo, e não na maneira como se distribui a produção entre os diversos setores da sociedade. A educação, que figura no discurso do Ministério da Educação como mecanismo provocador de uma visão crítica das questões políticas, econômicas e sociais, trata os indivíduos como peças de engrenagem da máquina do consumo.

---

[84] Ver Amartya Sen, *Desenvolvimento como liberdade* (São Paulo: Companhia das Letras, 2000), p. 154.

Arrolada como um produto a mais no portfólio dos negócios das organizações, a educação se relaciona com o marketing pela inserção de anúncios publicitários em livros didáticos e filmes sobre o meio ambiente com patrocínio de indústrias automobilísticas, por exemplo. De acordo com a Consumers Union, em 1990, 20 milhões de estudantes estadunidenses usavam em sala de aula algum tipo de material de ensino patrocinado pelas corporações. Alguns deles promoviam diretamente comida pronta, roupas e itens de higiene. A Coca-Cola lançou um ataque lobista sobre a proposta de banir das escolas públicas a venda de refrigerantes e outros itens de "mínimo valor nutritivo". Randal W. Donaldson, porta-voz da empresa em Atlanta, disse: "Nossa estratégia é a ubiqüidade. Queremos colocar refrigerantes ao alcance do desejo. Lutamos para tornar amplamente acessíveis os refrigerantes. E as escolas são um canal onde queremos que eles estejam disponíveis".[85]

Os resultados da mercantilização da educação podem ser vistos em dois planos. No primeiro se observa, por exemplo, que as estruturas de programas curriculares do ensino superior se aplicam cada vez mais em "preparar" os indivíduos para mercantilizar os bens privados ou públicos sem questionar impactos sociais. Assim, o lazer, por exemplo, é abordado num curso de turismo como um negócio, e não como um mecanismo de sociabilidade, descanso mental e físico, desenvolvimento da criatividade, etc. Numa sociedade em que os automóveis, as praias privadas e os clubes particulares ocupam os espaços de sociabilidade da grande maioria dos indivíduos, o lazer também passa a ser um negócio, e tudo funciona de acordo com o norte dado pelo consumo. No lugar de parques públicos, do teatro mambembe, das gincanas, enfim,

---

[85] Cf. David C. Korten, *Quando as corporações regem o mundo*, cit., pp. 180-181.

de diversas brincadeiras que desenvolvem comportamento lúdico e criativo nas crianças, instalam-se empreendimentos como o Parque da Mônica, o Playcenter e parques aquáticos, entre outros. As diferenças entre essas duas modalidades de entretenimento consistem principalmente em dois fatores: os recursos financeiros necessários para ter acesso aos novos espaços e, eventualmente o mais preocupante, a estrutura de consumo que os permeia. O que importa é criar a cultura do consumo, pois tudo está à venda. O capital – materializado sob a forma de bens e serviços – é que determina o que devem fazer as pessoas no seu tempo livre.

As forças do *consumerism* criam e recriam essas demandas e esse consumo, geradores de subversões que merecem exame. No esporte, por exemplo, transferem-se as atividades físicas para um simples movimentar dos olhos: em vez de praticar esportes, ir ao cinema, ao teatro, a concertos, assistimos a programas esportivos, filmes e concertos nos canais de televisão regiamente pagos, em que, paradoxalmente, se insere uma chuva de comerciais conclamando-nos à boa forma física e ao desenvolvimento do repertório cultural. Quando muito, freqüentamos academias de ginástica, com sua estrutura operacional tecnificada e contaminada pelos anúncios publicitários dos produtos esportivos. Por essa lógica, os espaços de sociabilidade transformam-se em grandes centros de consumo – shopping centers –, os quais, por sua vez, configuram uma "sociabilidade" possível.

No segundo plano, a educação é um negócio em si mesmo. No Brasil, por exemplo, temos hoje aproximadamente 75% do ensino superior nas mãos da iniciativa privada. A expansão do ensino superior engendrada pelo governo Fernando Henrique Cardoso, com o intuito de ampliar o acesso a uma maior parcela da sociedade, trouxe em grande medida uma falsa ilusão de maior competência da sociedade em função do aumento de pessoas com nível superior.[86] Com a liberdade concedida à criação de cursos por instituições privadas, deixou-se de lado a preocupação das necessidades sociais que o processo de formação exige. Isto é, o discurso das instituições de ensino se assemelha ao de qualquer estabelecimento industrial ou comercial: "o mercado regula tudo".

Diferentemente de um produto ou serviço supérfluo, a educação é uma promessa de qualidade de vida para o indivíduo e o coletivo, não podendo ficar à mercê das mesmas técnicas de administração mercadológica de outros setores econômicos. Países como o Canadá praticam forte mecanismo regulatório na definição das demandas sociais para alimentar o processo de formação dos indivíduos. Não faz sentido formar milhares de pessoas em engenharia civil se as demandas são por gestores sociais. E novamente: colocar a escolha sob a responsabilidade dos indivíduos exige que o processo de comunicação funcione de maneira eficiente, conforme já abordamos.

---

[86] Segundo estudos de Marcio Pochmann: "[...] aqueles que possuem escolaridade mais alta tiveram uma elevação em sua participação no total do desemprego. Por esse motivo, a educação, embora cada vez mais necessária, não se mostra suficiente para garantir a todos o acesso adequado aos postos de trabalho no Brasil dos anos 1990". Ver Marcio Pochmann, *A metrópole do trabalho* (São Paulo: Brasiliense, 2001), pp. 132-133.

Considerações finais

Construir um marketing para uma sociedade sustentável é romper com alguns paradigmas estabelecidos ao longo do tempo. No mundo contemporâneo, o lazer, a saúde, as relações familiares, a educação e o meio ambiente passam a ter relevância econômica, política e social superior à de setores como agricultura, comércio e indústria. Esses setores devem funcionar de acordo com as demandas daqueles: produzimos alimentos e aparelhos eletrônicos para melhorar nossa qualidade de vida, não o inverso. Com o alto nível do desenvolvimento tecnológico para a produção de bens de consumo em massa, nosso desafio passa a ser tornar acessíveis à maior parcela da população produtos e serviços que garantam melhor qualidade de vida.

Na atomização de trabalho e renda, por exemplo, o setor de construção civil oferece bons elementos à nossa reflexão. Tratores, guindastes e escavadeiras são inovações tecnológicas importantes para a construção de viadutos, mas não devem substituir técnicas simples como a execução de obras de saneamento básico, que pode colaborar na fertilização de economias locais. Na saúde, tomógrafos, equipamentos de ressonância magnética, etc., colaboram no diagnóstico de doenças, porém a opção por uma estrutura tecnológica para todo o sistema de saúde gera custos altíssimos e promove pouco a eficácia dos recursos. A combinação desses sistemas – alta tecnologia e tecnologias sociais – permite acesso maior da população a esses bens e serviços e promove o uso do capital intelectual e social.

O exercício metodológico proposto consiste em apontar para a necessidade de transformar o marketing "competitivo" e "inovador" em um modelo colaborativo e social/ambientalmente sustentável. Eventos bem-sucedidos e previsões otimistas da vigência desse novo modelo mercadológico já podem ser observados. Putnam relata a experiência de capital social da Itália; a leitura do mundo pós-corporativo de Korten aponta para uma economia colaborativa no lugar de um modelo predatório em que o "melhor" vencerá; Henderson descreve um mundo em que todos ganhem, ou seja, no qual prevalece uma visão integrada dos interesses do Estado, da iniciativa privada e da sociedade civil; a visão de gestão local de Dowbor aponta para a real economia produtiva. Elaborar uma administração mercadológica sustentável exige uma teorização da prática mercadológica contemporânea, para, então, construírem-se novos conceitos que respondam aos desafios sociais, ambientais e econômicos.

Toda a discussão realizada teve como intuito a busca de alternativas para uma administração mercadológica centrada nos interesses coletivos. Procuramos apresentar, além dos conceitos e práticas do marketing, suas contradições. Não temos a pretensão de fornecer respostas às demandas apontadas ao longo da investigação: tratamos apenas de reunir um conjunto de considerações que possam colaborar na reflexão sobre alternativas viáveis para uma necessária administração mercadológica responsável.

Na primeira parte, demonstrou-se que, embora as organizações construam o discurso de sedução dos consumidores com a perspectiva de manipular seus interesses e desejos, há limites para isso. Em parte, prevalece o repertório de valores dos indivíduos. Uma vez mais, não se trata de estabelecer uma bipolaridade entre o bem e o mal (agentes de marketing e indivíduos), mas de examinar crítica e dialeticamente a relação entre fornecedores e consumidores. Assim, deve ser tomada com cautela a visão crítica de autores como Vance Packard, Baudrillard e Korten, entre outros, sobre as influências do marketing no sistema capitalista de consumo. As técnicas da psicologia criticadas por Packard, a estratificação social mencionada por Baudrillard e o poder econômico das organizações citado por Korten tornam-se eficazes numa relação sistêmica de retroalimentação entre produtores e consumidores, e não num processo de mera manipulação por uma das partes. Por outro lado, não se pode ser excessivamente otimista e conceber uma igualdade de forças nessa relação. Não nos eximimos de criticar os resultados negativos e indesejáveis para a sociedade da prática do marketing, mas a extrema simplificação desse processo por certo não contribui para a elucidação da questão.

Assim, salientamos que não é o uso de imagens e textos das campanhas de marketing que determina necessariamente um sistema de comunicação negativo. A relação da publicidade com a arte existe desde seu início e por muitas vezes ilustra de maneira interessante o uso dos bens e serviços. A diferença em relação ao marketing contemporâneo é que este trabalha, na maioria das vezes, atribuindo aos produtos sentidos que pouco têm a ver com seu uso, produzindo experiências falseadoras da realidade cotidiana dos indivíduos.

Nota-se cada vez mais o deslocamento da gestão mercadológica apresentada pelos especialistas, baseada nos 4 Ps, para um processo de manipulação dos valores de consumo e da construção narrativa e discursiva que forjam a produção de sentidos no sistema de consumo contemporâneo. Por meio de discursos tecnologizados, forjam-se "novos" estilos de vida e reconstroem-se experiências vivenciadas, que ajudam a conformar a identidade de determinados grupos sociais.

A transição do marketing da produção de bens e serviços para o marketing da mercantilização da cultura modifica a relação de competitividade entre as empresas. Com a tendência da comoditização da produção e da cultura, a concorrência se desloca para o mundo prometido no lugar dos bens ou serviços oferecidos. A eficiência reside em conseguir criar mundos mais congruentes com o imaginário de cada público. Nessa nova forma de construção do sistema de circulação de mercadorias, há que se construir, no imaginário dos indivíduos, o mundo desejado. Pela construção de atores, espaços, tempos, relações e paixões, instaura-se uma encenação cuja porta de entrada são os atributos culturais vinculados a determinado produto, que constitui identidades.

Com os mecanismos de manipulação da informação revelados neste livro, temos fortíssimas evidências do esvaziamento do *composto de marketing* (os 4 Ps) na prática das corporações. Isso não significa que seus elementos não são mais parâmetros para administrar o marketing, mas que é preciso considerar a renovada importância dos signos culturais e dos processos de significação nessa administração, ou seja, as estratégias discursivas e comunicacionais. O desenvolvimento do produto, a formação de preço, a distribuição e a promoção de venda ganham, como elemento determinante na construção de suas ações, o tratamento da tecnificação dos signos culturais. Os bens ou serviços são permeados por valores do repertório dos diversos agentes envolvidos no processo de construção do produto. Cria-se um discurso coerente para cada público. A necessidade ou o desejo se desloca do produto para um discurso sobre um mundo adequado aos mitos e crenças dos indivíduos. Da mesma maneira, o preço e a distribuição têm como foco não mais os bens ou serviços, mas o mundo ensolarado do consumidor que precisa do protetor solar ou o mundo pós-moderno, complexo, violento, individualista e produtivo do consumidor que vai adquirir as últimas novidades tecnológicas, ou ainda o mundo modesto, cooperativo, simples e bucólico daquele que procura uma casa de campo.

Portanto, as discussões aqui desenvolvidas trazem evidências de que o marketing se desloca cada vez mais da produção fabril para a manipulação dos sentidos afetivos, sociais e culturais pelo gerenciamento da informação, ou seja, a gestão mercadológica depende cada vez mais da tecnologização do discurso. Os impactos dessa mudança atingem todas as esferas – da produção de um televisor a um tratamento médico. As mesmas técnicas de marketing são aplicadas em todos os setores da sociedade: alimentação, bens industriais, saúde, lazer, educação, finanças, etc. Os alimentos do supermercado Pão de Açúcar pertencem ao "lugar de gente feliz"; o automóvel Stilo, da Fiat, "é para que tem estilo"; a educação do Centro Universitário Ibero-Americano é para "quem tem luz própria e é o astro principal"; o cartão de crédito Bradesco Visa Infinite afirma que "o infinito é um lugar para poucos"; o Bank Boston é para "simplesmente primeira classe". Enfim, em níveis diferentes, todo o processo de sedução é deslocado da finalidade de uso do produto.

Nossa discussão sobre a utilização dos signos culturais pelos agentes de marketing nos permitiu perceber que o elemento preponderante da formação do marketing é seu poderoso discurso tecnificado. Ao tratar áreas como meio ambiente, saúde e educação, vimos que a prática do marketing acarreta sérias controvérsias. De um lado, essa prática cumpre com eficácia e eficiência os interesses das organizações, mas, de outro, no que diz respeito aos usuários, não são atendidas as necessidades e os desejos da sociedade, como preconiza o discurso do marketing.

Ao apontar os indícios do esvaziamento dos conceitos teóricos apresentados por Kotler (os 4 Ps), a presente discussão pretende ter instigado um aprofundamento maior nos mecanismos de funcionamento do marketing, de tal forma que se possam estabelecer critérios mais éticos nas relações entre as organizações e os indivíduos no processo de consumo de bens e serviços. Nota-se que a construção de mundos é que fomenta todo o processo do marketing, e não a simples comunicação dos benefícios do produto.

Como o processo de sedução e persuasão dos futuros profissionais de marketing ocorre nessa lógica de construção de mundo imaginário (os estudantes são seduzidos a iniciar seus estudos por meio desse mecanismo de sedução), o resultado é a formação de profissionais preparados para atuar nessas estratégias de construção de mundos, sobrando muito pouco para a interferência no sistema mercadológico com a reversão dos dados apontados anteriormente.

Prova do desencontro dos interesses sociais e organizacionais é muito bem apontada por Kuttner, ao tratar do processo de formação dos administradores, economistas e profissionais de marketing. O autor, por meio das constatações documentadas de uma longa série de experiências na teoria de jogos, faz o seguinte comentário:

> [...] a maioria das pessoas abriria mão de parte de seus rendimentos fortuitos em favor do bem comum, mesmo em face da previsão da teoria econômica de que os indivíduos racionais aproveitariam a situação ao máximo e deixariam a outros a preocupação com o bem-estar coletivo. A principal exceção ocorre quando a experiência é conduzida entre estudantes de economia, que, evidentemente, foram condicionados por seu treinamento a valorizar o comportamento egoísta. Numa experiência famosa,

apenas 20% dos estudantes de economia de uma amostra escolheram contribuir para o bem coletivo, em contraste em uma maioria, observada em outros grupos de estudantes.[1]

O autor aponta para esse discurso ideológico do sucesso, da competitividade, da felicidade, do prazer que se apodera da formação desses futuros economistas. Como resultado, temos um conjunto de especialistas treinados para executar as técnicas que garantam as metas das organizações. Ora, quando economistas, administradores, sociólogos, comunicólogos, etc., operam nessa lógica tecnicista, estabelece-se uma dinâmica no processo produtivo e de consumo que se distancia das relações sociais mediadas pela ética. O consumo e a produção são perpassados muito mais pelo plano do inconsciente do que pelo plano do consciente, engendrando um mecanismo social alienante. Assim, chamamos atenção para a necessidade de uma visão mais interdisciplinar do fenômeno mercadológico, que resgate a idéia de que produzimos bens e serviços para a sociedade, e não só para o mundo financeiro e do mercado.

O marketing surge das ciências econômicas, apropria-se de recursos das ciências sociais, da psicologia e finalmente da comunicação, e por isso exige uma interlocução profunda com essas áreas de conhecimento, para que possa dar conta do momento contemporâneo de produção e consumo. Da mesma maneira, o capitalismo necessita do marketing para sua perpetuação. Porém, a ausência de uma reflexão mais ampla sobre os impactos sociais de tais práticas pode acarretar, a longo prazo, problemas econômicos e sociais para o próprio sistema capitalista e para a sociedade.

---

[1] Cf. Robert Kuttner, *Tudo à venda* (São Paulo: Companhia das Letras, 1998), pp. 93-94.

Referências bibliográficas

ARMSTRONG, Gary & KOTLER, Philip (orgs.). *Princípios de marketing*. 7ª ed. Rio de Janeiro: Prentice Hall do Brasil, 1998.

BAHIA, Ligia. "O mercado de planos de saúde no Brasil: tendências pós-regulamentação". Em GIOVANI, Geraldo di & NEGRI, Barjas (orgs.). *Brasil: radiografia da saúde*. Campinas: Unicamp, 2001.

BAKAN, Joel. *The Corporation*. Nova York: Free Press, 2005.

BARROS, Diana Luiz Pessoa de. *Teoria semiótica do texto*. 4ª ed. São Paulo: Ática, 2000.

BAUDRILLARD, Jean. *O sistema dos objetos*. 3ª ed. São Paulo: Perspectiva, 1997.

_____. *A sociedade de consumo*. Rio de Janeiro: Edições 70, 1995.

_____. *A troca simbólica e a morte*. São Paulo: Loyola, 1996.

BOLAÑO, César. *Indústria cultural, informação e capitalismo*. São Paulo: Hucitec/Polis, 2000.

BRADFORD, Ernest S. *Marketing Research: How to Analize Producls, Markets, and Methods of Distribution*. Nova York: McGraw-Hill, 1951.

BUSKIRK, H. Richard. *Principios y practica de marketing*. 5ª ed. Madri: Deustre, 1967.

CADENA, Nelson Varón. *Brasil: 100 anos de propaganda*. São Paulo: Referência, 2001.

CALAZANS, Regina & BRAGA, José Luiz. *Comunicação e educação*. São Paulo: Hacker, 2001.

CÂMARA, Ibsen de Gusmão. "Ciência e tecnologia". Em TRIGUEIRO, André (org.). *Meio ambiente no século 21*. Rio de Janeiro: Sextante, 2003.

CAPRA, Fritjof. "Alfabetização ecológica: o desafio para a educação do século 21". Em TRIGUEIRO, André (org.). *Meio ambiente no século 21*. Rio de Janeiro: Sextante, 2003.

CASTELLS, Manuel. *The Internet Galaxy*. Nova York: Oxford University Press, 2001.

_____. *O poder da identidade*. São Paulo: Paz e Terra, 1999.

_____. *Sociedade em rede*. São Paulo: Paz e Terra, 1999.

CHERRY, Colin. *A comunicação humana*. São Paulo: Cultrix, 1996.

COBRA, Marcos. *Marketing básico*. 4ª ed. São Paulo: Atlas, 1997.

COHN, G. "A forma da sociedade da comunicação". Em DOWBOR, Ladislau *et al.* (orgs.). *Desafios da comunicação*. Petrópolis: Vozes, 2001.

DE MASI, Domenico. *A economia do ócio*. Rio de Janeiro: Sextante, 2001.

_____ (org.). *A sociedade pós-industrial*. São Paulo: Editora Senac São Paulo, 1999.

DOWBOR, Ladislau. "Economia da comunicação". Em DOWBOR, Ladislau *et al.* (orgs.). *Desafios da comunicação*. Petrópolis: Vozes, 2001.

_____. "O que há por trás das forças do mercado?". Em *PUCviva*, nº 3, ano I, São Paulo, 1998.

_____. *A reprodução social*. Petrópolis: Vozes, 1998.

_____. *Tecnologias do conhecimento*. Petrópolis: Vozes, 2002.

ENDERLE, Georges *et al*. (orgs.). *Dicionário de ética econômica*. São Leopoldo: Unisinos, 1997.

FAIRCLOUGH, Norman. *Discurso e mudança social*. Brasília: UnB, 2001.

FLOCH, Jean Marie. *Documentos de estudos do Centro de Pesquisas Sociossemióticas*. São Paulo: CPS, 2001.

_____. *Semiótica, marketing y comunicación*. Barcelona: Paidós, 1993.

FOLHA DE SÃO PAULO. Revista da *Folha*, nº 549, São Paulo, 8-12-2002.

FONTENELLE, Isleide Arruda. *O nome da marca: McDonalds, fetichismo e cultura descartável*. São Paulo: Boitempo, 2002.

FURTADO, André Tosi & SOUZA, José Henrique. "Evolução do setor de insumos e equipamentos médico-hospitalares, laboratoriais e odontológicos no Brasil: a década de 90". Em GIOVANI, Geraldo di & NEGRI, Barjas (orgs.). *Brasil: radiografia da saúde*. Campinas: Unicamp, 2001.

GOLDEMBERG, José. "Energia". Em TRIGUEIRO, André (org.). *Meio ambiente no século 21*. Rio de Janeiro: Sextante, 2003.

GORZ, André. *O imaterial: conhecimento, valor e capital*. São Paulo: Annablume, 2005.

GUARESCHI, A. (org.). *Os construtores da informação*. Petrópolis: Vozes, 2000.

HANSEN, L. Harry & MCNAIR, P. Malcolm. *Problems in Marketing*. Nova York: McGraw-Hill, 1949.

HART, Stuart L. & PRAHALAD, C. K. "O pote de ouro na base da pirâmide". Em *HSM Management*, São Paulo, maio-jun. de 1998.

HARVEY, David. *Condição pós-moderna*. 6ª ed. São Paulo: Loyola, 1992.

HENDERSON, Hazel. *Construindo um mundo onde todos ganhem*. São Paulo: Cultrix, 2000.

IDEC. *Revista do Idec*, São Paulo, abril de 2004.

IBGE. *Síntese de indicadores sociais 2000. Estudos e pesquisas, informação demográfica e socioeconômica*, nº 5. Rio de Janeiro: IBGE, 2001.

JAMESON, Fredric. *Pós-modernismo: a lógica cultural do capitalismo tardio*. 2ª ed. São Paulo: Ática, 2000.

JHALLY, Sut. *Os códigos da publicidade*. Porto: Asa, 1995.

KERCKHOVE, Derrick. *A pele da cultura*. Lisboa: Relógio D'Água, 1997.

KORTEN, David C. *O mundo pós-corporativo: vida após o capitalismo*. Petrópolis: Vozes, 2002.

_____. *Quando as corporações regem o mundo*. São Paulo: Futura, 1996.

KOTLER, Philip. *Administração de marketing: análise, planejamento, implantação e controle*. 4ª ed. São Paulo: Atlas, 1996.

_____. *Administração de marketing: análise, planejamento e controle*. Vols. 1, 2 e 3. São Paulo: Atlas, 1986.

_____. *Marketing Decision Making: A Model Building Approach*. Nova York: Hoelt, Rinehart and Winston, 1971.

_____. *Marketing para o século XXI*. São Paulo: Futura, 2002.

_____ & ANDREASEN, Alan R. *Strategic Marketing for Nonprofit Organizations*. 5ª ed. Englewoods Cliffs: Prentice-Hall, 1987.

_____ & SIMON, Françoise. *A construção de biomarcas globais*. São Paulo: Bookman, 2004.

KUTTNER, Robert. *Tudo à venda*. São Paulo: Companhia das Letras, 1998.

LÉVY, Pierre. *A conexão planetária*. São Paulo: Editora 34, 2001.

MALHOTRA. Kamal. *Como colocar o comércio global a serviço da população*. Brasília: Ipea/Enap, 2004.

MANZINI, Ezio & VEZZOLI, Carlos. *O desenvolvimento de produtos sustentáveis*. São Paulo: Edusp, 2002.

MARX, Karl. *O capital: crítica da economia política*, vols. 1 e 2, 17ª ed. Rio de Janeiro: Civilização Brasileira, 1999.

MATTELART, Michele & MATTELART, Armand. *História das teorias da comunicação*. São Paulo: Edições Loyola, 1999.

MCKENNA, Regis. *Marketing de relacionamento*. Rio de Janeiro: Campus, 1997.

MCLUHAN, Marshall. *A galáxia de Gutenberg*. São Paulo: Companhia Editora Nacional, 1972.

MENEZES, Philadelpho. "Teorias da comunicação na globalização da cultura". Em DOWBOR, Ladislau *et al.* (orgs.). *Desafios da comunicação*. Petrópolis: Vozes, 2001.

MORAES, Dênis de. "A comunicação sob domínio dos impérios multimídias". Em DOWBOR, Ladislau *et al.* (orgs.). *Desafios da comunicação*. Petrópolis: Vozes, 2001.

_____. *Planeta mídia*. Campo Grande: Letra Livre, 1998.

MORAIS, Jomar. "A medicina doente". Revista *Superinteressante*. 15 (5), São Paulo, abr.-maio de 2001.

DI NALLO, E. *Meeting Points: soluções de marketing para uma sociedade complexa*. São Paulo: Cobra, 1999.

OYAMA, Thaís. "Pornô chique". Revista *Veja*, nº 1.731, São Paulo, 19-12-2001.

PACKARD, Vance. *Nova técnica de convencer: persuasão oculta/domínio do público pelo subconsciente/sugestão subliminar.* 5ª ed. São Paulo: Ibrasa, 1980.

PNUD. "Poner el adelanto tecnológico al servicio del desarrollo humano". Em *Desarrollo Humano 2001*. Nova York: Oxford University Press, 2001.

_____. *Relatório do Desenvolvimento Humano 1999.* Lisboa: Trinova, 1999.

_____. "The World's Priorities? (Annual Expenditure)". Em *Human Development Report 1998*. Nova York: Oxford University Press, 1998.

POCHMANN, Marcio. *A metrópole do trabalho.* São Paulo: Brasiliense, 2001.

PORTER, Michael. *Vantagem competitiva: criando e sustentando um desempenho superior.* 10ª ed. Rio de Janeiro: Campus, 1990.

PRAHALAD, Coimbatore Krishnarao & HART, Stuart L. "O pote de ouro na base da pirâmide". Em *HSM Management*, São Paulo, maio-jun. de 1998.

PRINGLE, Hamish & THOMPSON, Marjorie. *Marketing social: marketing para causas sociais e construção das marcas.* São Paulo: Makron Books, 2000.

PUTNAM, Robert D. *Comunidade e democracia: a experiência da Itália moderna,* 3ª ed. Rio de Janeiro: Fundação Getúlio Vargas, 2002.

QUEIROZ, Sérgio & VELAZQUEZ, Aléxis Gonzáles. "Mudanças recentes na estrutura produtiva da indústria farmacêutica". Em GIOVANI, Geraldo di & NEGRI, Barjas (orgs.). *Brasil: radiografia da saúde.* Campinas: Unicamp, 2001.

RIFKIN, Jeremy. *The Age of Access.* Nova York: Tarcher, 2000.

_____. *A era do acesso*. São Paulo: Makron Books, 2001.

SACHS, Ignacy. *Desenvolvimento includente, sustentável e sustentado*. Rio de Janeiro: Garamond, 2004.

_____. *Inclusão social pelo trabalho*. Rio de Janeiro: Garamond, 2003.

SAID, Calil. "Análise do setor de saúde no Brasil na área de equipamentos". Em GIOVANI, Geraldo di & NEGRI, Barjas (orgs.). *Brasil: radiografia da saúde*. Campinas: Unicamp, 2001.

SANDRONI, Paulo. *Novíssimo dicionário de economia*. 6ª ed. São Paulo: Best Seller, 2001.

SANTAELLA, Lucia. *Cultura das mídias*. São Paulo: Experimento, 1996.

SARMIENTO, Zedar Árvaro. "Panorama setorial Gazeta Mercantil: a indústria farmacêutica". Em *Gazeta Mercantil*, vol. I, São Paulo, maio de 2000.

SCHOR, Juliet B. *Overspent American: Why we Want What we Don't Need*. Nova York: Harper Collins, 1999.

SEN, Amartya. *Desenvolvimento como liberdade*. São Paulo: Companhia das Letras, 2000.

SEMPRINI, Andrea. *El marketing de la marca*. Barcelona: Paidós, 1995.

_____. *Multiculturalismo*. Bauru: Edusc, 1999.

SINGER, Paul. *Aprender economia*. 7ª ed. São Paulo: Brasiliense, 1986.

THOMPSON, B. John. *A mídia e a modernidade: uma teoria social da mídia*. 4ª ed. Petrópolis: Vozes, 2002.

UNESCO. *World Information Report*. Paris: Unesco, 1995.

VASCONCELLOS, Gilberto. "O apartheid da saúde". Em *Caros Amigos*, edição 23, São Paulo, maio de 2000.

VEIGA, José Eli da. "Agricultura". Em TRIGUEIRO, André (org.). *Meio ambiente no século 21*. Rio de Janeiro: Sextante, 2003.

WALLERSTEIN, Immanuel. *Capitalismo histórico e civilização capitalista*. Rio de Janeiro: Contraponto, 2001.

VILLASANTE, R. Tomás. *Redes e alternativas*. Petrópolis: Vozes, 2002.

WOLF, Mauro. *Teorias da comunicação*. 6ª ed. Lisboa: Presença, 2001.